# 10대 때 경제를 배웠더라면!

# 10대 때 경제를 배웠더라면!

뒤늦게 경제에 눈뜬
어른들이 가장 안타까워하는
한 가지

아라이 아키라·야나가와 노리유키
아라이 노리코·e-교실 지음
김용녀 옮김

(주)고려원북스

고등학생 시절, 이런 생각을 했습니다. '경제는 다른 과목에 비해 아무래도 불분명한 것 같아', '수학이나 과학은 내용이 뚜렷하고, 영어나 가정은 배워 두면 도움이 되고, 국어나 역사는 공부하면 나름 지식이 되지만…… 경제는 도대체 뭘 위해 하는 거지?'

어른이 돼 다시 생각하게 됐습니다. '경제라는 과목이 다른 과목에 비해 쿨하기 때문이 아니었을까' 하고 말입니다. 경제는 '이런 어른이 됩시다!' 라고 가르치지 않습니다. 왜냐하면 경제는 '사람마다 제각각' 이라는 사고에서 출발하기 때문이죠. 모두가 공부라는 한 가지 일에 정열을 기울이는 것도 학교라는 장소에서는 중요한 일일지 모르지만, 졸업해 교문을 나서면 각기 다른 인생이 기다리고 있죠. 그렇다면 가자 인생의 생존기술에 대해 생각하는 것이 바람직하다, 바로 이것이 경제라는 과목의 기본적인 자세일 것입니다.

당연한 일이지만, 우리는 한 사람 한 사람 모두 다른 인간입니다. 어떨 때 행복하다고 느끼는지, 어떤 방식으로 하면 덜 힘든지 모두 조금씩 다릅니다. 동료와 같은 목표를 향해 노력하는 것을 좋아하는 사람이 있는가 하면 혼자 천천히 몰두하는 것을 좋아하는 사람도 있습니다.

돈을 많이 벌어 고가의 물건을 손에 넣고 싶어 하는 사람이 있으면, 돈보다는 남쪽 나라 섬에서 유유자적 살고 싶어 하는 사람도 있습니다. 좋아하는 일에 열정을 쏟아붓고 싶은 사람이 있는가 하면, 일은 5시에 딱 마치고 여가를 즐기고 싶은 사람도 있습니다. 행복의 형태는 한두 가지가 아닙니다.

그러면 행복해지기 위해 필요한 것은 뭘까요? 친구나 가족, 재능이나 보람 있는 일 등 여러 가지 요소가 있습니다. 행복해지기 위해 필요한 것도 다 다릅니다.

그럼, 행복해지기 위해 우리가 사용할 수 있는 자원에는 어떤 것이 있을까요? 쓰면 줄어드는 자원을 한번 생각해 봅시다. 그러면 당연히 시간과 돈이라는 것이 떠오를 것입니다. 행복의 형태는 여러 가지지만, 사용할 수 있는 자원에는 공통성이 있다는 것이죠.

경제라는 과목이 문제 삼고 있는 것은 행복의 내용이 아닙니다.

행복해지기 위해 자원을 어떻게 잘 쓸까에 관심을 둡니다. 경제에서는 어떻게 하면 행복해질지는 가르쳐 주지 않습니다. '그러니까, 당신의 행복은 당신 자신밖에 모릅니다'라고 쿨하게 생각하는 것입니다. 즉, '당신이 행복을 실현하기 위해 제한된 돈과 시간을 어떻게 잘 사용할까 생각하는 방법을 가르치는 것'이 경제라는 과목의 일입니다. 더욱이 경제는 '당신은 지금의 자신이 본래의 자신이라고 생각할지도 모르지만, 약간의 경험과 상황변화로 인해 자기 자신도 상당히 변할 수 있으니 너무 자신을 단정 짓지 말고 자유를 확보해 두는 게 좋다'고 생각합니다. 이를 경제에서는 위험회피(리스크헤지)라고 하기도 합니다.

꿈을 꾸기 위해, 그리고 꿈을 실현하기 위해 알아 둬야 할 노하우를 경제라는 과목은 갖고 있습니다. 그것을 중고등학생에게 전달하고 싶어 계획된 것이 이 책의 기원이 된 인터넷 교실 「경제와 나」입니다.

우리는 2002년 6월에 인터넷상에 중고생을 위한 무료배움의 장인 ‘e-교실’을 만들었습니다. e-교실에서 전달하고 싶은 것은 보다 잘 생존하기 위해 익혀 두었으면 하는 기술입니다(지식이 아니라 기술이라는 점이 e-교실의 특징입니다.). e-교실에서는 현재 「산수로 작문을」, 「영어로 사회를」, 「갈릴레오 공방」 등이 개설돼 있으며, 전국에서 300명이 넘는 중고등학생이 인터넷상의 닉네임을 사용해 참가하고 있습니다.

그 가운데 「경제와 나」라는 과목 게시판에 실제 투고된 것을 종합해 재구성한 것이 이 책입니다. 이 책이 중고생뿐만 아니라 꿈을 실현하고 싶은 많은 사람에게 ‘보다 낫게 살기 위한 가이드북’이 되기를 진심으로 기원합니다.

‘e-교실’ 주재 아라이 노리코

10대 때 경제를 배웠더라면!
| 차 | 례 |

머리말

TIME
MONEY

# 01

# 귀성러시는 해소할 수 있는가?
## 【희소성과 선택】

'경제? 정치가가 생각해야 할 문제 아니야?'

'돈 벌기 좋아하는 사람이 공부하는 건가?'

'경제라든지 정치라든지 나 혼자 생각해 봤자 어찌 되는 게 아니니까……'

이런 식으로 생각하고 있는 사람은 없습니까?

사실 '경제'는 모든 한 사람 한 사람의 일상행동에 연관돼 있는 것입니다. 잠깐 살펴볼까요? 우리는 매일 무언가를 사고 있어요. 여러 고민 끝에 무엇인가를 샀다고 해요. 왜 그것을 샀을까, 다른 것을 사는 편이 낫지 않았을까 고민해 본 적은 없습니까? 그것이 바로 경제입니다. 또 그때 소비세가 추가된 가격을 지불했다면 그 돈이 어디로 가는지 궁금하지 않았나요? 이것을 생각하는 것도 훌륭한 경제입니다.

내일은 휴일입니다. 어디에 놀러 갈지 용돈을 고려하면서 생각하고 행동하지요? 이것 역시 경제입니다. 휴대전화가 어떻게 이렇게 많이 보급됐는지, 요금이 왜 이렇게 비싸게 책정됐는지, 이것을 생각하는 것도 경제입니다. 텅 빈 전철과 출퇴근 러시아워의 운임이 같은 것은 이상하다고 생각해본 적이 없나요? 역시 이것도 경제입니다.

경제는 여러분의 일상적인 행동에 따라 늘 맴돌고 있는 것입니다.

그러나 아무리 가까이하더라도 경제를 보는 데에는 몇 가지 중요한 말이나 생각을 순서에 따라 배워 갈 필요가 있습니다. 우선은 '희소성'이라는 말입니다. 이 말은 들어 본 적이 없다는 소리가 들려오는 것 같네요.


## 왜 교통체증이 일어날까?

e-교실이 여름방학을 맞았습니다. 스태프 중 한 명인 카미요 씨가 고향에 다녀왔다고 합니다.


● 카미요 ●

고향에 다녀왔습니다. 갈 때는 교통정보를 이용해 수월했습니다. 그

런데 돌아올 때는 몇 번이나 정체에 걸렸습니다. 제일 막혔던 곳은 고속도로 출구입니다. 요금소를 나와서도 일반도로에 합류하기 전후로 오랜 시간이 걸렸습니다.

**카미요** "귀성러시에 걸려 고생고생했어요."

**네코노미스트** "고생 많으셨네요. 그래도 경제를 공부하기에 안성맞춤인 교재인데요."

**카미요** "네? 러시도 경제와 관계가 있어요?"

물론입니다. 왜 러시아워가 경제 문제인지를 설명하기 전에 우선 e-교실 참가자와 함께 이 문제를 생각하면서 경제란 무엇인지 알아봅시다.

## 네코 쌤의 첫 출제

 **네코노미스트**

매년 8월 15일 백중 전후에는 카미요 씨가 경험한 것처럼 전국에서 귀성러시가 일어납니다. 왜 그럴까요? 또 러시를 해소하는 방법은 있을까요? 다음 질문에 답하면서 생각해 보세요.

❶ 당신의 가족은 올해 고향에 내려갑니까?

❷ 귀성러시에 걸려 본 적이 있습니까?

**❸ 귀성러시가 없어질 거라고 생각합니까?**

------------------------------------------------------------

문제를 출제함과 동시에 e-교실 참가자에게 앙케트를 했습니다. 그 결과는 다음과 같습니다.

**❶ 당신의 가족은 올해 고향에 내려갑니까?**

　네(44.4%)　아니요(55.6%)

**❷ 귀성러시에 걸려 본 적 있습니까?**

　네(77.8%)　아니요(22.2%)

**❸ 귀성러시는 없어질 거라고 생각합니까?**

　네(11.1%)　아니요(66.7%)　몰라요(22.2%)

이 결과를 보면 올해는 귀성하지 않는 사람이 조금 많을 것 같습니다. 그래도 지금까지 러시아워에 걸린 적이 있다는 사람이 70% 이상입니다　꽤 많은 사람이 경험했네요. 그리고 귀성러시는 없어지지 않을 거라는 사람이 절반 이상입니다. 꽤 비관적이군요.

● 요시코 ●

저는 백중과 설에 자동차로 귀성합니다. 늘 예상과 반대로 허를 찔러 이동하기 때문에 교통정체를 만난 적이 별로 없습니다. 많은 기업이 같은 시기에 일제히 휴가를 내고, 그 종업원들이 대도시에 집중해 살

고 있으며, 휴가와 함께 같은 방향으로 이동하는 이상 귀성러시는 계속 일어날 겁니다. 그렇지만 러시는 골든위크에도 일어나니까 귀성만 그런 것은 아니죠.

요시코 씨, 허를 찔러 교통정체와 마주치지 않는다니 현명하시네요. 요시코 씨는 중요한 지적을 해주셨습니다. 러시는 귀성시기뿐 아니라 도로를 사용하는 사람이 많고 일정 시간에 집중되면 언제든 일어날 수 있는 일이라는 것입니다. 확실히 골든위크[1]나 연휴에는 상·하행도로의 교통정보가 라디오나 TV에서 반복해 흘러나옵니다.

## 경제 문제의 기본 '희소성'

여기까지의 대화를 읽고 '왜 이것이 경제인가' 라고 생각하는 사람이 아직 많겠죠. 이제 슬슬 내막을 공개해 봅시다.

러시 문제는 크게 두 가지가 있습니다. 하나는 왜 러시가 발생하는가 하는 문제이고 또 하나는 그 해결책입니다.

---

[1] 골든위크란 일본의 대표적인 연휴를 의미합니다. 매년 4월 29일부터 어린이날까지 약 일주일의 황금연휴로 많은 이들이 휴가를 떠나는 시즌입니다. 요일 배열에 따라 주말까지 포함하면 약 10일가량 계속해 쉴 수도 있어 많은 지역에서 각종 축제와 이벤트가 열립니다.

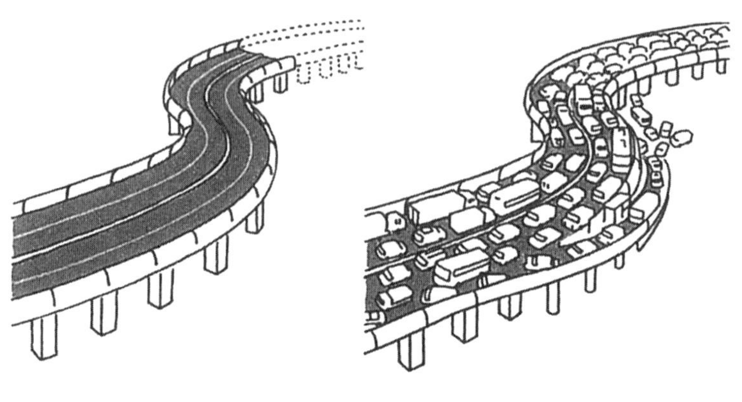

도로와 자원은 제한이 있다.　　　　　　공급보다 수요가 웃돌면 교통정체

요시코 씨의 회답에 주목해 주세요. 귀성뿐만 아니라 사람이 한 시기에 집중되면 러시가 일어난다는 점을 지적하고 있습니다. 사람이나 자동차가 도로를 사용하는 것을 경제적으로는 '수요'라고 합니다. 러시는 도로라는 시설에 사람들이 일제히 수요를 발생시켜 나온 결과라고 생각할 수 있습니다.

도로는 경제적인 '자원'입니다. 도로가 자원이라고 하니, 자원이란 석유나 석탄 같은 에너지원이 아닌가 하는 사람도 많을 것입니다.

경제에서는 천연자원을 포함해 인간이 사용할 수 있는 모든 사물이나 서비스를 '경제적 자원', 줄여 '자원'이라고 합니다. 그리고 그 자원을 제공하는 행위를 '공급'이라고 합니다.

도로가 자원이라고 한다면 그 자원은 충분히 공급돼 있을까요? 주위를 둘러보면 도로는 어디에나 있는 것 아니냐고 생각하겠죠. 그러나 고속도로처럼 특별한 도로는 한정돼 있습니다. 일반도로라 하더라도 넓고 목적지까지 편하게 갈 수 있는 간선도로는 역시 한정돼 있습니다. 요컨대 일반도로는 많이 있지만, 사람들이 사용하고 싶을 때 바로 사용할 수 있는 도로는 한정돼 있습니다. 사람들이 사용하고 싶다는 욕망에 대해 사용할 수 있는 자원이 적은 것, 즉 한정돼 있는 것을 '희소성'이라고 하는 것입니다.

## 희소성과 경제 문제

희소라는 것은 적거나 모자란 것을 말합니다. 자원이 희소하면 어떤 일이 일어날까요? 최악의 경우 사람들 사이에서 쟁탈이 일어날지도 모릅니다. 여기에서는 도로니까 가능한 한 빨리 갔다가 모두 출발하지 않는 틈새를 노려야지 할지도 모릅니다. 실제로 요시코 씨는 '허를 찌른다'는 말로 그 노력을 표현하고 있습니다. 그러나 여러분이 일제히 허를 찌르는 방법을 선택한다면 여기에서도 정체가 일어나 버립니다. 그러면 악순환이 돼 버리겠죠. 때문에 자신이 쓰고 싶은 수요에 비해 적은 자원을 어떻게 잘 사용할지 노력해야 한다는 것을 알 수 있습니다.

여기서 경제 문제가 발생합니다. 경제란 돈을 버는 것이라든가,

물건을 만들어 파는 문제라는 이미지를 갖기 쉽습니다. 하지만 사실 경제란 희소성하에서 어떻게 하면 더 좋은 결과를 만들어 낼 것인가를 생각하는 것입니다. 만약 언제든 도로가 비어 있고 편하게 사용할 수 있다면, 요컨대 희소성이 없으면 이처럼 고생할 필요는 없는 것이죠. 한마디로 경제 문제를 생각할 필요가 없어집니다.

환경 문제도 경제 문제입니다. 옛날에는 인간의 활동규모가 작았기 때문에 지구 자원은 무한한 것처럼 생각할 수 있었습니다. 그러나 지금에 와서는 열대림도, 쓰레기 버릴 곳도 점점 희소하게 됐습니다.

희소성의 현실은 더 있습니다.

개인은 한정된 예산 속에서 어떤 것을 사면 좋을지 생각합니다. 용돈이 무한히 있다면 갖고 싶은 것을 계속 살 수 있습니다. 하지만 현실에서는 그런 일이 있을 수 없기에 희소성하에서 선택이 필요하게 됩니다. 우리가 매일 고민하는 문제란 바로 희소성의 문제였던 것입니다.

기업 역시 보유하고 있는 경제적 자원을 일정한 기술수준하에서 조합해 최대 이익을 올릴 수 있게 하기 위해 늘 고민합니다. 정부도 그렇습니다. 아무리 막강한 정부라도 도깨비방망이를 갖고 있을 리 없으므로 어떻게 세금을 모을지, 한정된 예산으로 어떤 정책을 실시할지 선택해야 합니다.

이처럼 희소성의 현실은 우리에게 경제 문제, 요컨대 희소성하에서 어떻게 선택할지 하는 문제를 항상 제기하고 있습니다.

## 희소성하에서는 무슨 일이 일어나는가?

다시 귀성러시 이야기로 돌아가 봅시다. 여기에서는 도로를 예로 들었는데, 귀성러시는 도로뿐만 아니라 JR[2] 열차에서도 일어납니다. 러시만 본다면 관광시즌의 비행기 좌석에서도 일어납니다.

그럼, 도로, 좌석 등이 희소하다면 무엇이 일어날지 조금 더 생각해 봅시다.

 네코노미스트

한정된 도로나 좌석 수가 그곳을 달리고 싶거나 좌석을 차지하고 싶은 승객보다 적다면 어떤 일이 일어날까요? 또 그 해결책을 생각해 주세요.

다음과 같은 회신이 있었습니다.

● 모모네 ●

레모네이드로 생각해 보면 팔리는 수보다 레몬이 적으면 가격이 비싸지니까, 탈것의 경우 승객보다 좌석 수가 적으면 비싸질 거라고 생각해요.

---

2    JR은 Japan Railroad의 약자로 일본철도를 뜻합니다. 일본정부가 운영하던 국유철도가 분할·민영화돼 6개의 여객철도회사와 화물회사로 재탄생했습니다. 이들 회사의 공통약칭이 JR입니다.

모모네는 이 교실의 최연소 학생입니다. 레모네이드라는 것은 『레몬을 돈으로 바꾸는 방법』이라는 경제 그림책입니다. 이 책에 관해서는 8장에서 한 번 더 언급하겠지만, 책에서는 원료인 레몬의 흉작으로 레모네이드의 '가격'이 상승했습니다. 모모네는 그것을 토대로 러시도 희소성이 높아지면 가격이 높아진다고 추정해 줬습니다. 모모네처럼 읽은 책이나 배운 것을 근거로 스스로 생각해 보는 것이 경제뿐만 아니라 사회 문제를 생각하는 데 있어서 중요하죠.

그럼, 모모네의 회신을 좀 더 보죠. 흔히 도로는 가격이 오르는 일이 없고 철도도 마찬가지니까 모모네 말이 맞지 않을까요? 어때요. 틀린 것일까요? 아니요. 정답입니다. 예를 들면 비행기를 생각해 보세요. 비수기 등 좌석이 빌 때는 여러 가지 할인을 해주죠. 그런데 귀성이나 관광시즌은 정규요금을 받습니다. 그래도 못 타는 사람이 있습니다. 항공회사는 가격을 조정하는 것으로 희소성 문제를 해결하려고 합니다.

## 러시를 해소하는 원리적인 방법

다음으로 러시를 해소하는 방법을 생각해 봅시다.

● 타로 ●

두 가지 해소책이 있습니다.

A : 귀성하지 않는다.

B : 시기를 늦춘다.


사실 러시를 해소하는 원리적인 방법은 간단합니다.

타로 씨의 해소책을 봅시다.

A : 귀성을 하지 않는다는 것은 도로를 사용하지 않는 것이니 도로에 비해 수요가 없어지는 것입니다.

B : 시기를 늦춘다는 것도 늦추는 것만으로 수요를 분산시킬 수 있으므로 수요에 관계됩니다.

이처럼 수요를 없애거나 줄이는 것으로 귀성러시를 원칙적으로 해소할 수 있습니다. 다만 문제는 구체적으로 정말 줄어드는지 여부입니다. 그러면 수요를 줄이는 것이 정말 가능할까요?

 **네코노미스트**

정말로 수요를 변화시킬 것 같은 대책을 마련하는 것이 가능할까요? 그런 경우가 있으면 조사해 보세요.

스태프 중 한 사람인 치마코 씨가 이런 사례를 발견해 줬습니다.

● **치마코** ●

시마네[3]현에서는 지난해 이런 일이 있었다고 합니다.

고속도로 요금을 약 반값으로 할인한 마쓰에도로와 산요도로는 교통량이 약 1.5배 증가하고, 교통정체가 빈발한 일반도로와의 교차점에서 피크 때 정체가 3.4km에서 2.4km로 단축됐습니다.

치마코 씨가 조사해 준 것은 일반도로의 정체 해소를 위해 고속도로를 이용시키고자 하는 실험이었습니다. 이를 위해 고속도로 이용요금을 반으로 줄여 일반도로에서 고속도로로 수요를 유도한 것입니다. 이와 반대로, 즉 귀성 때 고속도로 요금을 2배로 높이면 러시가 해소될 가능성이 있겠죠.

도로라 해도 이런 사례가 있다는 것은 전철에도 역시 비슷한 러시 대책을 마련할 수 있는 힌트를 준 것 같군요. 전철의 경우 복복선으로 하거나 빽빽한 과밀 운행시간표를 짜 공급을 늘리는 것도 가능하겠죠. 실제 철도회사는 열심히 운송능력을 늘리고자 노력 중입니다. 그러나 이것은 시간과 돈이 필요합니다.

그래서 당장 취할 수 있는 수요대책이 필요하게 됩니다. 그 방법으로는 일시에 집중하는 수요를 분산시키기 위해 시간대에 따라 요금을 바꾸는 방법을 생각해 보면 좋을 것 같군요. 정기권 할인을 중지하고, 싼 요금으로 타는 고등학생 등의 정기권 이용자가 집중하지

---

3    시마네(島根)는 일본 혼슈(本州) 남서부에 있는 한국의 동해와 맞닿은 현입니다. 현청 소재지는 마츠에(松江)시입니다.

않도록 하는 아이디어 등이 가능할 것입니다. 다만 이것은 이론적으로 생각할 수는 있지만, 실제로도 가능한지 여부는 더 생각해 봐야 할 문제입니다.

## 귀성 그 자체는 없어질까?

수요를 줄이는 측면이라면 타로 씨가 말한 '귀성하지 않는다'의 제안처럼 귀성 그 자체를 없애 버리는 것도 유력한 제안이죠. 이는 왜 귀성하는가를 생각하면 잘 알 수 있습니다.

● 시로 ●

고향이 없으면 귀성할 수 없습니다. 태어날 때부터 도시에 사는 사람, 즉 시골이 없는 사람이 다수파가 되면 귀성하지 않는 사람이 다수파가 됩니다. 도시에 몰려든 사람들이 고향에 돌아가는 경향이 줄기 때문에 귀성도 점점 없어지지 않을까요?

시로 씨의 의견처럼 귀성이라는 것은 도시와 시골이라는 관계 때문에 일어난 현상입니다. 일본에서는 고도 경제성장기에 많은 젊은 이가 고향을 떠나 도시로 나왔습니다. 도시화가 진행된 것입니다. 그 사람들이 도시에 생활거점을 마련하고 거기에서 늙어 갑니다. 도시생활자의 제1세대는 고향에 아직 많은 인연을 갖고 있으니 귀성을

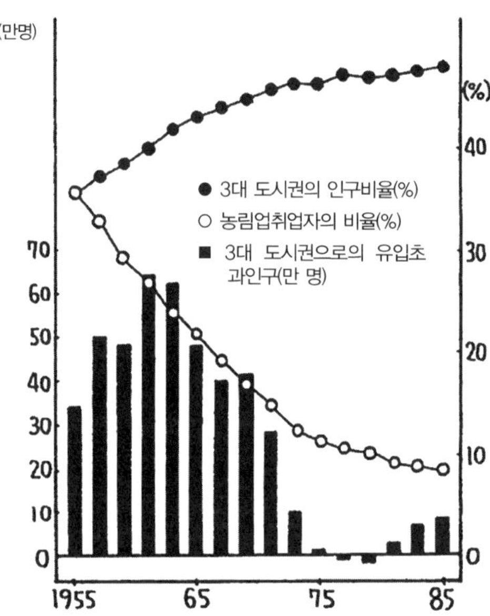


고도성장기에 진행된 도시화(1990년도 국민생활백서)

하지 않을 수 없습니다. 어느 정도 도시화가 진행됐는지 그래프를 준비했습니다. 이 그래프에서 3대 도시권[4]에 사는 사람은 현재 전체 인구의 약 50%입니다.

고도성장이 시작된 1955년 시점에는 35% 전후였으니 그 사이 농촌인구가 도시로 집중됐음을 알 수 있습니다. 그런데 도시에 집중한

---

4　3대 도시권은 수도권으로도 불리는 도쿄(東京)권과 나고야(名古屋)권, 오사카(大阪)권을 일컫습니다.

제1세대에 비해 제2세대, 제3세대는 시간이 갈수록 점점 고향과 인연이 끊어져 귀성할 필요가 별로 없게 됩니다. 따라서 귀성러시는 장기적으로는 결국 해소될 것이라고 생각됩니다. 실제 최근에는 과거처럼 터무니없는 대형혼잡은 없어진 것 같습니다.

경제 문제는 이처럼 사회변동과도 관련이 있습니다. 현재의 문제뿐만 아니라 장기적으로 다양한 사회현상을 살펴보는 것이 중요합니다.

눈을 세계로 옮겨 보면 경제가 발전 중인 나라일수록 귀성은 난리북새통입니다. 이웃 나라인 중국에서는 춘절이라는 음력설의 귀성러시가 매년 심각한 문제가 되고 있습니다. 철도당국에서는 열차증편으로 대응하고 있지만, 언 발에 오줌 누기입니다. 춘절 대응 특별열차의 운용을 일주일간 앞당기거나 열차요금을 이 시기에 10~30% 비싸게 하는 대응까지 보도되고 있습니다. 그만큼 도시로 돈을 벌고자 나와 있는 사람이 많다는 것이죠.

# 경제, 자원, 희소성, 수요, 공급, 가격

## | 정리 | ARRANGE

① 귀성러시가 왜 경제 문제일까요? 그것은 도로라는 희소한 자원을 둘러싸고 수요와 공급이 경쟁하기 때문입니다.

② 자원이란 우리가 사용할 수 있는 모든 것을 의미합니다. 그래서 도로도 좌석도 레모네이드도 초콜릿도 돈도 모두 자원입니다. 시간도 귀중한 자원이 됩니다.

③ 희소성이란 한정된 것입니다. 우리가 사용할 수 있는 자원은 욕망에 비해 상대적으로 적으므로 항상 어떻게 자원을 배분하면 최적의 결과를 얻을 수 있을까를 생각해야 하는 경제 문제에 직면합니다.

④ 이처럼 희소성하에서 의사를 결정하는 것이 경제입니다. 그러므로 세상의 무엇이든 모두 경제 문제로 요약할 수 있는 것입니다.

## | 복습 문제 | REVIEW PROBLEM

1. 다음 문장의 옳고 그름을 판단해 보세요.

(   ) 경제는 돈 벌기나 상품생산만을 문제로 한다.

(   ) 희소성은 가난한 나라가 직면하고 있는 문제이기 때문에 부자나라에서는 그다지 문제 되지 않는다.

(   ) 경제적 자원이란 석유나 석탄처럼 천연자원뿐만 아니라 시간 같은 인간이 사용할 수 있는 모든 것을 의미한다.

(   ) 자원의 희소성이 문제가 될 때는 수요를 줄이거나 공급을 늘리거나 해서 자원배분을 조정한다.

2. 다음 문제를 생각해 보세요.

❶ 왜 귀성러시가 일어날까? 또 그 대책을 사회적인 배경과 경제적인 배경의 2가지 면에서 정리해 보세요.

❷ 희소성이 문제 되는 사례를 가능한 한 많이 모아 보세요. 그 해소책도 함께 생각해 주세요.

(힌트: 콘서트 티켓 수 등을 사례로 생각하면 됨)

❸ 도로에서는 공급을 늘리거나 수요를 줄이는 방법이 원칙적인 해소책으로서 제시되지만, 러시를 피하는 다른 방법은 없을까요? 그 현실성도 포함해 생각해 보세요.

❹ 철도의 경우 정기권을 중지하고 러시아워에 전철 이용자의 요금을 인상하는 방안을 생각했는데 그게 가능한지, 또 실시해도 좋은지도 생각해 보세요.

# 02

# 실패한 소비란?
## 【기회비용】

1장에서는 희소성에 대해 생각해 봤습니다. '稀少性(희소성)'이라고 한자로 쓰면 어려운 느낌이 드는데, 요약하면 자원이 한정돼 있다는 뜻입니다. 우리 개인이 갖고 있는 '자원'의 대표적인 것은 돈, 그리고 시간입니다.

만일 계속해 얼마든 돈이 나오는 지갑과 불로장생의 약이 있다면 어떻게 돈을 써야 할지, 지금 무엇을 해야 할지 생각할 필요조차 없을 것입니다. 그렇지만 유감스럽게도 돈도 시간도 한정돼 있습니다. 그래서 사용방법을 '잘 생각하지 않으면' 안 되는 것이겠죠. 그러나 무엇을 어떻게 '잘' 생각하면 좋을까요? 이번에는 이것을 생각하는 단서가 되는 '기회비용' 이라는 개념에 대해 공부해 봅시다.


## 실패한 소비

이번에는 네코 쌤의 이런 체험에서 이야기가 시작됩니다.

 네코노미스트

방의 형광등이 비 오는 날 저녁 갑자기 나갔습니다. 늘 가는 할인매장까지 사러 가기는 힘들고 해서 가까운 데서 사왔습니다. 가격은 800엔. '조금 비싸네' 하면서도 어쩔 수 없이 샀습니다. 전에 늘 가던 가게에서 비슷한 수준의 다른 제품을 봤더니 360엔. '이 차이는 대체 뭐야' 하고 분개하거나 몹시 후회하거나 할 수밖에요.


여러분도 물건을 사 본 적이 있을 것입니다. 그 가운데 '아, 이건 실패구나' 하는 소비를 예로 들어 보세요. 그리고 그때 후보로 다른 것이 있었는지, 왜 그것을 사지 않고 나중에 실패라고 생각한 것을 샀는지 이유를 말해 보세요.

● 보보 ●

좋아하는 캐릭터라서 메모장이나 주소록, 자, 파일 등 그때 기분에 따라 사 버렸습니다. 계산대에서 잠깐 주저했지만…….

확실히 충동구매라는 것은 일상에서 자주 있죠. 그때 기분에 따라 사 버리고 정신 차린 순간 큰 실수임을 아는 것이죠. '한순간의 주저'가 더욱 냉정했더라면, 어떤 것을 주의할 필요가 있을까요?

● 스네이크 ●

실패한 구매는 아주 많이 있습니다만, 제일 실패라고 생각한 구매는 게임소프트웨어입니다(웃음). 아무것도 모르고 겉만 보고 '재미있겠지' 하고 샀더니 완전 재미없거나 뭐 그랬습니다.

이것도 많은 사람이 경험하는 것입니다. 스네이크 군의 예는 충동구매의 일종인데 내용을 모르는 물건일 때 어떻게 판단하는가 하는 문제도 동시에 존재하네요.

## 구매비용

실패한 소비의 공통점은 들인 돈에 걸맞은 결과를 얻을 수 없는 경우입니다. 선택한 것에서 얻을 수 있는 만족을 경제언어로는 '효용'이라 부릅니다. 효용의 본질은 '아, 행복해' 라든가, '재미있다!' 하는 감정이므로 돈으로는 환산하기 어렵습니다. 그러나 우리는 그것을 '산다' 는 행위에 의해 얻을 수 있는 효용을 돈으로 환산해 생각할 수 있습니다. 우리가 상품을 살 때 '지불해도 괜찮다고 생각하는 가

격’, 그것이 그 상품의 효용(정확하게는 금전 단위로 나타난 효용)입니다.

그러므로 만일 지불한 가격과 그 효용이 일치하면 그것은 일단 납득할 수 있습니다. 경제에서는 어느 쪽이든 똑같다는 의미로 ‘무차별’이라는 말을 씁니다. 효용이 지불가격보다 높으면 득을 봤다고 생각하고 반대인 경우는 손해를 봤다고 생각하는 것입니다.

보보 씨와 스네이크 군이 왜 손해를 봤다고 느끼는가 하면 그들에게 상품효용이 상품가격에 걸맞지 않았기 때문이죠. 식으로 나타내면 다음과 같습니다.

$$\text{상품효용} < \text{상품가격}$$

그러면 네코 쌤의 경우는 어떨까요? 네코 쌤은 가까운 슈퍼에서 800엔짜리 형광등을 샀을 때 그다지 손해를 봤다고 생각하지 않았

상품효용 < 상품가격

습니다. 나중에 다른 가게에서 360엔짜리 같은 상품을 봤을 때 '실
패다' 하고 실감한 것이죠.

　그렇다면 이는 800엔짜리 형광등을 산 시점에서는

형광등의 효용 > 800엔

이었다고 말할 수 있습니다. 그럼, 360엔 하는 상품을 발견한 순간에
800엔 하는 형광등의 효용이 내려가 버렸다면 실패했다고 할 수 있
을까요?

　아니죠. 형광등은 도움이 됐으니 형광등 효용은 그대로입니다.

　다시 말해 손해냐 이득이냐 하는 개념에는 '다른 것과 비교해' 라
는 요소가 무시할 수 없다는 것을 알 수 있습니다. '다른 것' 은 '사지
않는다' 는 선택도 포함돼 있습니다. 이를 위해 손해냐 이득이냐는
'상대적인 크기' 를 생각해 볼 수 있습니다.

　800엔으로 형광등을 샀을 때 네코 쌤은 어느 정도 득을 봤는가 하
면(이 이득의 정도를 어려운 말로는 '순효용' 이라 부릅니다)

형광등의 효용 − 800엔

입니다. 일단 이것이 마이너스가 아니니까 800엔 주고 샀을 때 손해
를 봤다고 생각하지 않은 것이죠. 그러나 360엔에 살 수 있었다면 이

득을 본 크기는



이었을 것이며, 이는 800엔으로 살 때보다 크죠. 이 이득의 크기가 작았다는 의미에서 네코 쌤은 '실패다!' 라고 생각한 것입니다.

요컨대 형광등을 손에 넣은 코스트(비용)가 440엔 더 들어 버렸다는 것이죠. 그러나 이 여분으로 지불해 잃은 것이 정말 440엔일까요? 아닙니다. 실은 더 많이 잃은 것입니다.

800엔을 주고 산 형광등이라도 거기서 얻을 수 있는 효용은 그보다 높았습니다. 이와 마찬가지로 440엔도 (더 비싸게 주지 않고) 갖고 있었다면 440엔 이상의 효용을 갖는 다른 상품을 살 수 있었을지도 모릅니다. 혹은 그 440엔을 플러스함으로써 살 수 있을 턱이 없던 고가이며 높은 효용을 지닌 상품을 손에 넣었을지도 모릅니다. 나아가 440엔을 매우 필요로 하는 사람에게 기부함으로써 상쾌한 기분이 들 수 있었을지도 모르죠. 이것도 상품을 사는 것과는 좀 다르지만, 훌륭한 효용입니다. 440엔을 더 지불함으로써 네코 쌤은 이처럼 순효용을 얻을 기회를 잃어버린 것입니다.

경제학에서는 단순히 얼마간 돈을 지불한 것뿐 아니라 이처럼 그에 따라 잃은 순효용도 포함해 비용을 생각합니다. 이를 '효용을 얻을 기회를 잃었다' 라는 의미로 '기회비용' 이라 부릅니다. 물론 440

엔으로 살 수 없게 된 것은 여러 가지 있으니 그 가운데 제일 효용이 높은 것이 기회비용이 됩니다.

## 기회비용이란 무엇인가?

많은 사람이 납득하는 경제 기본원리에 '한정된 자원 가운데 최대 효용을 얻도록 하는 것이 합리적인 행동' 이라는 게 있습니다.

지갑 속에 1000엔이 있고 자유시간이 3시간 있다면 누구나 그 한정된 자원 속에서 자신이 제일 만족할 수 있는 행동을 하려고 하겠죠. 단 만족이나 효용은 좀 전에 말한 대로 도무지 눈에 보이지 않습니다. 비교하는 것도 어렵죠. 그래서 합리적인 행동기준으로 '기회비용' 을 생각하는 것입니다.

그러면 이 개념을 어떻게 활용하면 합리적인 선택을 할 수 있게 될까요? 또 현실경제와 이런 사고방식과의 관계는 어떻게 연관돼 있을까요?

● 시로 ●

저는 스포츠드링크를 자주 마시는데, 150엔에 파는 유명브랜드와 100엔인 그다지 알려져 있지 않은 브랜드 사이에서 자주 갈등합니다. 100엔짜리를 사면 맛은 별로인데, 그래도 싸서 그냥 사 버린 적이 있습니다. 그때마다 '비싸고 맛있는 것을 사면 좋았을걸' 하고 후

회합니다.

시로 씨의 경우를 예로 기회비용과 효용과의 관계, 나아가서는 합리적인 결정방법에 대해 생각해 봅시다.

시로 씨가 고민한 것은 유명드링크와 무명드링크입니다.

> 유명드링크의 이득 정도(순효용) = 유명드링크의 효용 − 150
> 무명드링크의 이득 정도(순효용) = 무명드링크의 효용 − 100

입니다. 때문에 이들 중 어느 쪽이든 큰 쪽을 사는 것이 좋을 것 같습니다.

그러나 조금 더 생각해 봅시다. 유명드링크를 사지 않고 무명드링크를 산다면 사용한 돈은 100엔에 그치니 남은 50엔을 이용해 다른 순효용을 얻을 수 있겠죠. 바로 네코 쌤이 싸게 형광등을 살 수 있었다면 남은 440엔으로 뭔가 효용을 얻을 수 있었던 것과 마찬가지입니다. 여기까지 생각하면 위의 두 가지를 단순히 비교해서는 안 됩니다.

결국 유명드링크 순효용 쪽이 높아지는 것은

> 유명드링크의 효용 − 150 > (무명드링크의 효용 − 100) +
> (장래 50엔을 사용함으로 얻는 효용 − 50)

다시 정리하면,

유명드링크의 효용 > 150 + (무명드링크의 효용 – 100) +<br>
(장래 50엔을 사용함으로 얻는 효용 – 50)

의 경우입니다. 이 무명드링크의 순효용(무명드링크의 효용 – 100)과 50엔에서 얻을 수 있는 순효용(장래 50엔을 사용함으로 얻는 효용 – 50) 을 더한 것이 실은 유명드링크를 사는 기회비용인 것입니다. 요컨대 유명드링크를 살 때 150엔을 내는 것이 득이냐 손이냐 뿐만 아니라 100엔의 무명드링크를 살 수 없게 된 것과 장래에 50엔을 사용할 수 없게 된 기회비용도 150엔에 포함해 생각해야 하는 것이죠.

단 이 50엔이 가져올 장래 순효용은 그다지 잘 알 수는 없습니다. 앞으로 어떤 일이 일어날지 모르고, 장래 용돈이 늘어날지 어떨지도 모르기 때문입니다. 실제 순효용이 어느 정도 크기가 될지 예상하기는 어렵습니다. 시로 씨가 자신의 선택에 고민하는 이유도 분명 이 점에 있겠죠.

## 기회비용과 시간

이 장 첫머리에 우리 개인이 갖고 있는 자원의 대표적인 것이 돈과 시간이라고 말했습니다. 돈과 시간의 관계는 어떻게 돼 있을까요?

어찌어찌해 신작 영화를 첫날 보러 갔습니다. 그런데 좌석예매를 못해 줄을 서서 겨우 구한 것이 저녁 시간대여서 그때까지 시간을 때우다가 영화를 보고 왔습니다. 인기 있는 영화는 줄을 서야 되는 거죠.

이즈미 씨는 영화를 보러 가기 위해 얼마의 비용을 지불했을까요? 네? 비용이라니 입장료밖에 안 냈다고요? 아니요. 그렇지 않습니다. 실은 이즈미 씨는 줄을 섬으로써 '시간'이라는 비용을 지불했다고 생각할 수 있습니다. 더욱이 이즈미 씨는 구한 티켓이 저녁 시간대라 시간을 때워야 했죠. 이것도 비용에 들어가겠죠. 그러니까 줄 서서 티켓을 사고 시간까지 때우며 영화를 본 그의 선택에는 입장료 외에 기다리거나 때운 시간이라는 기회비용을 함께 감안해야 합니다.

이를 금액으로 환산하면 생각 이상으로 큰 액수가 될 것 같군요. 그러나 그 비용을 뛰어넘는 만족을 얻을 수 있다면 괜찮습니다. 그리고 그 만족은 반드시 영화 그 자체에서 얻어지는 것만은 아닙니다.



줄을 서면서 주위 사람들과 함께 흥분하는 것이 즐겁다면 이것도 큰 기쁨입니다. 아마 스포츠 관전에서 경기장 개장 전에 속속 모여드는 사람들도 마찬가지 아닐까요. 그 행렬에 서 있다는 것은 거의 확실히

그 영화의 열광적인 팬입니다. 처음엔 잘 모르는 사람들끼리라도 몇 시간이나 걸려 줄 서면서 친구가 될 수 있을 겁니다.

시간은 걸리지만 줄 서는 것 자체에서 만족을 얻을 수도 있습니다. 이렇게 되면 영화를 본 것에 따른 효용 이외에 줄 서는 것을 통해 정보교환이나 친구 만들기를 하는 효용이 생길 수도 있습니다. 사람에 따라서는 줄 서는 것 자체가 단순히 고통일 뿐인 사람도 있습니

다. 이런 사람은 시간을 다른 일에 쓰고, 요시코 씨는 줄을 서면서 같
은 취미인 친구들과 인연을 넓히는 쪽이 좋죠. 결국 효용이라는 것
은 각자 사람마다 천차만별이라는 경제학의 또 다른 특징을 알 수
있습니다.

## 시간을 사는 것은 가능할까?

이런저런 사이에 이누 쌤으로부터 다음과 같은 어드바이스와 문제
가 도착했습니다.

 **이누노미스트**

네코 쌤의 경험은 차액 440엔으로 여유 있는 시간을 샀다고 생각할 수는 없을
까요? 형광등 품질에 큰 차이는 없었던 것 같고 그렇더라도 440엔은 너무 비
쌀지도 모르겠지만 말입니다.
그럼, 여기서 여러분에게 드리는 질문입니다. 시간을 산다는 것은 어떤 것일까
요? 무엇인가 구체적인 예로 생각해 보세요.

치마코 씨로부터 회신이 왔습니다.

● 치마코 ●

약속시간에 늦을 때 택시를 잡아탑니다. 전철로 가는 것보다 비싸지

만, 약속장소에 시간 맞춰 도착하는 것을 우선하면 어쩔 수 없죠. 10
분 빨리 나가 있으면 되니까 시간을 사는 것이죠.

10분 동안 할 수 있는 것, 혹은 10분 희생한 것을 돈으로 환산해
택시요금이 그보다 싸면 택시를 타는 게 충분히 합리적인 행동입니
다. 이 경우 기회비용은 치마코 씨에게는 약속시간에 늦음에 따라
잃게 되는 신용, 비즈니스 찬스 등이므로 택시비 정도는 싼 것으로
말할 수 있겠죠. 만일 치마코 씨가 학생이고 지각하더라도 선생님께
혼나는 것뿐인 경우라면 택시를 타지는 않겠죠.

### ● 스네이크 ●

저는 철도팬입니다. 늘 청춘18티켓[5]을 사용해 여행을 합니다. 청춘18
티켓은 저처럼 가난한 학생에게는 안성맞춤인 티켓입니다(웃음).

청춘18티켓은 청춘이 아닌 사람도 사용할 수 있습니다. 그러나 완
행열차에 몸을 맡기고 여행하는 것은 시간이 충분하지 않으면 할 수
없는 일이에요. 혹시 성미 급한 사람이 완행열차에 타면 열차에 몸

---

5　청춘18티켓은 일본곳곳을 연결하는 JR발행의 기차표입니다. JR이 운영하는 철도노선이
면 청춘18티켓만으로 몇 번이고 어디서든 어디까지 타고 갈 수 있는 시스템입니다. 일
종의 자유이용권으로 교통비가 비싼 일본에서는 관광객에게 인기가 높습니다. 연령제한
이 없으며 5장이 1세트인데 1장으로 24시간 무제한 탈 수 있습니다. 다만 신칸센 등 급
행은 이용할 수 없습니다.

을 싣는 시간을 단지 낭비라고 생각하겠죠? 또 바쁜 사람이 완행열차로 가야 한다면 그동안 희생한 기회는 무엇인지 계산하며 안절부절못할 겁니다. 그렇지만 스네이크 군은 철도팬입니다. 여러 가지 노선을 완행열차 여행으로 제패해 가는 것 자체가 효용이라면 스네이크 군은 싼 비용으로 최대효용을 얻고 있는 현명하고 호화로운 소비자라고 말할 수 있겠네요.

## 시간은 금

'시간을 살 수 있을까' 라고 생각하는 데 도움이 되는 속담이 있습니다. '시간은 돈Time is money' 이라는 속담이죠. 이 말은 18세기 미국인 벤자민 프랭클린이 한 것으로 시간의 기회비용을 제대로 표현하고 있습니다.

이처럼 일상생활을 경제적 시각으로 조금만 둘러봐도 우리의 생활이 풍요로워지거나 행동이 합리적으로 되는 것 같군요.

**모모네** "모모네입니다. 이번부터 저는 모니터가 됐습니다. 출판사에서 매월 신간을 무료로 보내 주는데 1년간 그 감상리포트를 쓰는 거예요."

**네코노미스트** "모모네, 그거 좋은 기회네요. 그런데 모니터가 되는 비용이란 무엇이라고 생각합니까?"

모모네 "비용은 감상을 쓰기 위한 시간, 너무나 어려운 책이라면
읽기 위한 노력이라고 생각합니다. 그렇지만 즐거움이 더 큽
니다."

모모네는 기회비용이라는 개념을 완전히 이해한 것 같군요. 책을
읽고 감상을 쓰는 시간에 다른 것을 하려고 생각하면 할 수 있지만,
그보다는 책을 읽는 것이 자신에게 즐거움이라는 것을 되돌아볼 수
있으면 된 것이죠.

그럼, 여기까지 공부해서 기회비용이라는 개념을 이해하셨나요?
효용과 기회비용은 공기처럼 잡을 수 없는 것이지만, 실패한 소비를
하지 않겠다는 목적뿐만 아니라 사회 전체를 경제적 관점에서 바라
볼 때 필요한 것이므로 앞으로 학습할 때에도 이 결정에 따른 비용
은 무엇일까 항상 생각해 주세요.

더욱이 자기 자신의 합리적인 행동에 대해 이해할 수 있다면 반드
시 국가의 행동 나아가서는 세금의 유용한 사용용도 등에 대해서도
생각했으면 합니다. 일본은 ODA(정부개발원조) 등 여러 가지 국제공
헌을 합니다. 여기에는 돈과 시간이 필요합니다. 물론 모든 이에게
원조가 이어지면 좋겠지만, 슬프게도 돈도 시간도 한정돼 있습니다.
그러면 어떻게 하면 효용이 최대가 될지를 생각할 필요가 있겠죠.
정말로 그 사용방법이 좋은 것인지 꼼꼼히 판단해 보고 싶습니다.

# 기회비용, 순효용, 가격, 코스트(비용), 효용

## | 정리 | ARRANGE

① 많은 사람이 한정된 자원에서 최대효용을 얻도록 행동하지만, 때때로 실패합니다. 그것은 얻을 수 있는 편익과 비용계산을 제대로 하지 않은 경우가 많기 때문입니다.

② 경제학에서는 지불한 대금을 비용으로 보는 것이 아니라 지불한 금액에 플러스해 선택으로 포기한 것 중 제일 큰(차선의 것) 효용에 상당하는 금액도 포함해 생각합니다. 그것을 기회비용이라고 합니다.

③ 어떤 행위에도 비용은 듭니다. 그러므로 뭔가를 고를 때 비용을 꼼꼼히 계산하고 최적의 선택을 하도록 하는 것이 중요합니다.

④ 기회비용의 사고방식은 이 돈으로 무엇을 할 수 있을까를 생각함으로써 정부의 정책계획 등에도 사용할 수 있습니다.

## | 복습 문제 | REVIEW PROBLEM

1. 다음 문장의 옳고 그름을 판단해 보세요.

(　) 소비의 비용은 지불한 금액을 말한다.

(　) 합리적인 행동은 얻을 수 있는 편익과 비용을 비교해 최대효용을 올릴 때다.

(　) 줄 서서 영화를 볼 때 비용은 입장료에 줄 서서 기다리는 시간이나 영화상영 시간에 다른 일을 할 수 있는 비용까지 더한 것이다.

(　) 시간을 돈으로 살 수는 없다.

2. **다음 문제를 생각해 보세요.**

❶ '시간은 금이다'와 마찬가지로 '공짜점심은 없다'라는 말이 기회비용을 생각할 때 자주 사용됩니다. 어떤 의미인지 설명해 보세요.

❷ 시로 씨와 마찬가지로 무엇인가를 선택할 때에 고민한 예를 들어 보세요. 그때 어떤 기준에서 선택결정을 하는지도 생각해 보세요.

❸ 청춘18티켓을 사용하는 사람은 일반적으로 어떤 사람이라고 생각합니까? 기회비용의 관점에서 설명해 보세요.

❹ 정부가 어느 나라에 정부개발원조ODA로 100억 엔을 썼습니다. 이때 ODA가 정말 도움이 됐는지 어떤지를 기회비용 관점에서 생각해 보세요.

# 가격은 어떻게 결정되는 것인가?
## 【시장과 가격】

2장에서는 우리가 상품을 구입하거나 시간을 사용할 때 기준이 되는 사고방식, 효용과 기회비용에 관해 생각했습니다.

그런데 상품에 붙어 있는 '가격', 경제학에서 말하는 '가격'은 어디에서 어떻게 정해지는 것일까요? 사회과에서 시장을 견학한 경험이 있는 사람도 있을 것입니다. 상품이 들어오면 중매인이 입찰하고, 제일 높은 가격을 매긴 중매인이 그 상품을 낙찰 받아 갑니다. 확실히 그곳에서 가격을 결정짓는 것처럼 보입니다. 그런데 정말로 가격은 시장에서 정해지는 것일까요? 물건을 사는 우리는 가격이 매겨지는 과정과 관계가 없는 것일까요?

e-교실에서 수학 선생님을 하시는 필즈 씨가 인터넷 옥션을 체험하고 리포트를 보내 줬는데 여기서부터 일단 생각해 봅시다.



저는 코타츠[6] 이불이 갖고 싶어 인터넷 옥션을 체험했습니다. 첫 번째로 '꽤 좋은데' 하고 생각한 것은 두툼한 갈색 이불입니다. 개시금액(입찰개시금액)도 300엔으로 적당합니다. 백화점이나 통신판매로 산다면 4000엔 정도는 할 것 같습니다. 저는 우선 1000엔까지는 지불해도 괜찮다고 생각하고 '입찰' 했습니다. 그런데 다른 사람도 저와 같은 생각인지 가격이 점점 올라가 최종적으로는 3500엔이 돼 버렸습니다. 배송료를 생각하면 그다지 이득이 될 것 같지 않습니다.

두 번째로 본 것은 큼직한 감색 이불입니다. 이것은 시작금액이 1000엔이었습니다. 왠지 그 상품은 저 말고는 입찰하는 사람이 없어 시작금액인 1000엔에 낙찰을 받았습니다. 기뻤습니다. 약간 두근두근거리는 체험이었죠. 다만 여기에 빠져 기회비용이 높아진 게 아닌지 조심해야겠다는 생각도 했습니다.

이것은 마치 시장경매, 즉 '옥션' 그 자체군요. 처음 이불은 희망

---

6  코타츠란 일본의 난방가구 중 하나입니다. 좌식테이블 중간에 열기가 나오는 난방기를 설치한 후 테이블 위에 이불을 덮어 그 열기를 보존하는 시스템입니다. 온돌이 없는 일본가정에서는 없어서는 안 될 겨울철 필수품목 중 하나입니다.

자가 많아 가격이 올라간 반면, 다음 이불은 희망자가 한 사람밖에 없어 가격이 오르지 않았다는 것이죠. 필즈 씨에 따르면 상품 자체보다 최초 가격설정이 너무 높으면 사려는 사람이 붙지 않는 상품도 많다고 하네요. 이런 시장을 포함해 거래가 이뤄지는 장소를 경제세계에서는 '시장'이라고 합니다.

필즈 씨는 인터넷 옥션을 계기로 어쨌든 시장과 가격을 생각하기 시작한 것 같습니다. 이야기를 계속해 들어 봅시다.

● **필즈** ●

인터넷 옥션에 참가하고 나서 '가격은 어떻게 정해지는가'에 대해 아주 흥미를 갖게 됐습니다. 가격이라는 것에 대해 최근 1년간 제가 느낀 것을 말해 보겠습니다.

❶ 작년은 태풍이 매우 잦았습니다. 이후 야채가 아주 비싸져서 힘들어 했죠. 양배추도 상추도 비싸고, 과일도 매우 비쌌습니다. 결국 해를 넘겨 가격이 안정됐습니다.

❷ 조류독감 소동 후 계란 가격이 오르고 좀처럼 떨어지지 않아서 곤란했습니다.

❸ 작년 여름 올림픽이 있었습니다. 대형 TV에 관심이 조금 있어 가게에 물건을 보러 갔습니다. 그랬더니 작년에 비해 가격이 꽤 싸졌습니다. 이 정도면 사도 좋겠다고 생각했을 정도였습니다.

도대체 가격은 누가 어떻게 정하는 것인가요?

필즈 씨의 질문에 바로 투고가 왔습니다.



가격이요? 우리 가까운 데서 일어나는 주변의 일이죠! 자, 제가 조금 알고 있는 것을 적어 보겠습니다. 우선 상품가격은 크게 3가지로 나눌 수 있습니다.

❶ 한 가지 상품을 여러 회사가 내놓고 있고, 항상 경쟁에 의해 결정되는 패턴

❷ 세 군데 정도 회사가 그 상품시장을 나눠 갖고 대체로 가격이 안정된 패턴

❸ 해당상품을 한 회사만 만들어 가격이 독점상태에 있는 패턴

자본주의 사회에서는 ❶의 패턴이 제일 좋다고 합니다.

페리돗트 씨는 시장구조를 잘 이해하고 있군요.

❶의 패턴은 경쟁시장이라고 해서 자본주의 초기에 자주 나타나는 형태입니다.

❷의 패턴은 과점시장이라고 합니다. 가전제품이나 자동차 등 내구소비재나 철, 화학제품 등 대형설비가 필요한 생산재 시장에서 주로 나타납니다. 필즈 씨가 투고한 TV도 일종의 과점시장이죠.

❸의 패턴은 사실 그렇게 많지 않습니다. 일본에서는 전화나 전기 등이 이에 해당하는 시장이었는데 점점 경쟁구도로 바뀌고 있습니다.

독점기업 가운데는 정부나 지방자치단체가 운영하는 경우도 있습니다. 이 경우 가격은 정부인가가 필요한 공공요금으로 돼 있습니다.

그럼, 페리돗트 씨의 분류를 근거로 따져 보면 필즈 씨가 의문스러워하는 야채나 계란, 가전제품의 가격은 누가 정하는 것일까요?

● K ●

야채의 경우 수요와 공급의 균형, 수고에 의해 가격이 결정됩니다. 그러므로 페리돗트 씨의 분류로 말하면 ①의 '항상 경쟁에 의해 결정된다'가 맞습니다. 많은 사람이 양배추를 원하는데(수요) 공급량이 적다면 가격은 오르고 공급량은 많은데 수요가 적다면 가격은 내려갑니다. 가령 여름이 제철인 야채를 겨울에 팔 수 있도록 하면 출하된 수(공급)가 적으므로 수요가 공급을 웃돌아 가격을 올릴 수 있습니다.

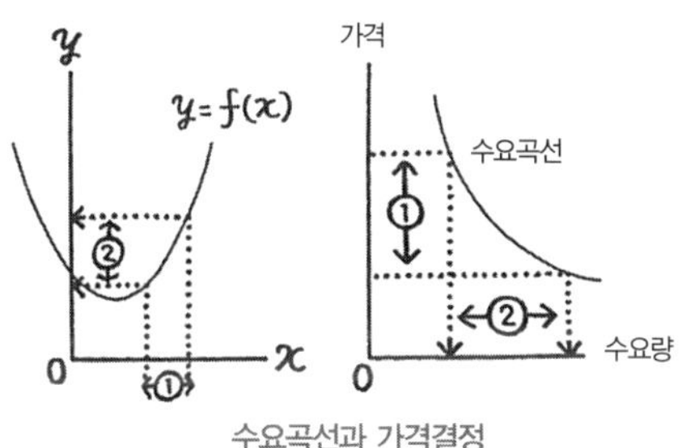


수요곡선과 가격결정

양배추가 너무 많이 출하됐을 때는 가격이 싸져 일부러 트랙터로 양배추를 갈아엎어 공급량을 안정시키는 것으로 가격을 조작할 수 있습니다.

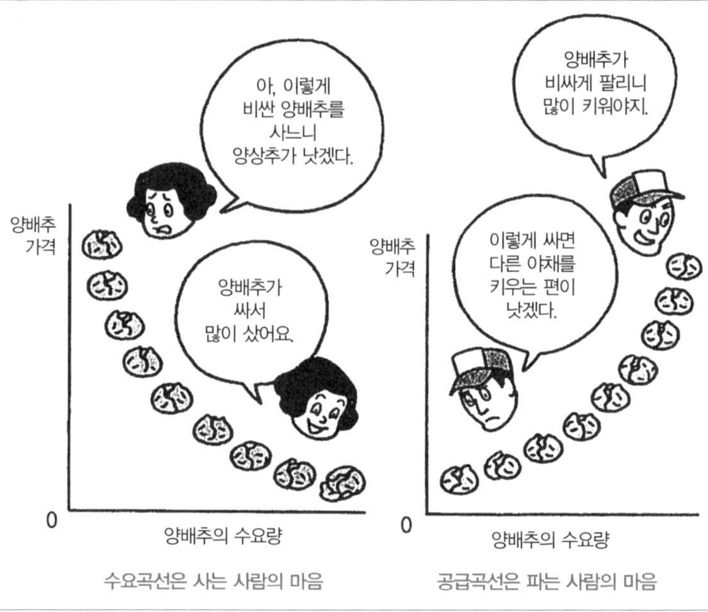


수요곡선은 사는 사람의 마음        공급곡선은 파는 사람의 마음

K 군도 시장에서 가격이 결정되는 방법을 파악하고 있군요. 이것은 말로 설명하는 것만으로는 금방 이해할 수 없는 부분도 있을 테니 수요곡선과 공급곡선의 그림을 사용해 설명해 봅시다.

'수요곡선'이란 어느 가격이면 사도 좋겠다는 사람들의 마음을 그래프로 나타낸 것입니다. 반면 '공급곡선'은 어느 가격이면 팔아도 좋겠다는 사람들의 마음을 그래프로 나타낸 것입니다. 이 두 개의 곡선을 그리는데 세로축에 가격, 가로축에 수요량과 공급량을 적어 마치 수학의 함수그래프처럼 그립니다.

여기서 약간 주의해 둘 것은 수학에서는 함수 $y=f(x)$는 $x$의 값에

따라 y값이 어떻게 변화하는지를 표현했다는 것입니다.

이를 그래프로 그릴 때에는 가로축에 x를, 세로축에 y를 놓습니다. 그런데 경제에서는 세로축과 가로축을 뒤집어 그리는 것입니다. 요컨대 세로축에 놓은 가격에 따라 가로축에 놓은 공급량과 수요량이 어떻게 변화하는지를 나타낸 그래프가 공급곡선과 수요곡선이 되는 것입니다.

게다가 이 그래프를 그릴 때는 가격변화 이외를 무시해서 그립니다. 이는 '기타 조건은 일정'이라고 해서 대단히 중요한 경제학의 전제입니다. 왜냐하면 가격 이외의 조건이 변할 때는 곡선을 다시 그릴 필요가 있기 때문입니다. 다시 그린 곡선을 최초곡선과 비교하면 곡선이 이동한 것처럼 보입니다. 이를 '곡선이동'이라고 해서 가격변화에 대해 수요량이나 공급량이 변화하는 것과 구별해야 하기 때문입니다.

교과서 등에서 자주 보는 수요곡선 그래프와 공급곡선 그래프는 하나로 돼 있는데 사실은 별개의 것입니다. 그래서 처음에는 수요곡선을 그려 봅니다. 그 다음에 공급곡선을 그려 봅니다. 그리고 그 두 가지를 겹쳐 맞춰 보는 순서에 따라 그래프를 만들어 가면 됩니다.

이런 여러 전제하에서 양배추의 경우를 그래프로 그려 보겠습니다. 이처럼 수요곡선은 오른쪽 아래로 내려가게 돼 있습니다. 우하향이라는 것은 높을 때에는 사지 않고 다른 것으로 대체했다가 이후 싸지면 사려는 마음을 나타냅니다. 공급곡선은 오른쪽 위로 올라갑니다. 우상향이라는 것은 가격이 쌀 때는 돈이 안 되니까 다른 작물

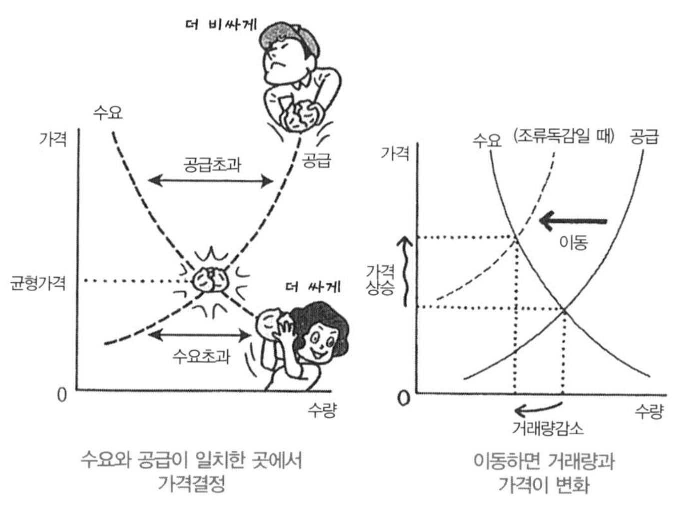


을 하고 양배추는 재배하지 않지만, 가격이 올라가면 양배추를 재배하려는 마음을 나타냅니다. 단 양배추 공급의 경우 가격변화에 대해서는 그리 간단하게 대응할 수 없으므로 공급곡선은 단기로는 수직에 가깝게 됩니다.

이 그래프에서 양배추 가격은 수요와 공급이 일치한 점에서 결정되는 것을 알 수 있죠. 그렇다고 갑자기 그래프 교차점에서 가격이 딱 결정되는 것은 아닙니다. 필즈 씨가 참가한 옥션처럼 몇 차례 시행착오를 거듭해 결정되는 것이 실제입니다. 경우에 따라서는 팔고 남거나 부족한 상태에서 가격이 결정돼 버리는 일도 있습니다.

요약하면 수요와 공급으로 결정된다는 것은 이론적으로 균형가격

이 있다는 것을 의미합니다. 그러나 어딘가에 그런 점이 있다는 것은 가격이 어떻게 될지 혹은 어떻게 해야 할지를 생각하는 데 상당히 중요하게 됩니다.

자, 그럼, K 군이 말한 겨울에 내놓으면 가격이 오르거나 너무 많이 출하하면 가격이 내려간다는 것은 가격 이외의 계절이나 생산의 조건변화에 의해 가격이 변화한 경우이기 때문에 공급곡선의 이동에 따른 변화라는 설명이 가능합니다. 필즈 씨가 의문스럽게 생각한 조류독감으로 비싸진 계란도 이 공급곡선 이동으로 설명할 수 있습니다. 그림으로 확인해 주세요.

## 수고와 가격

그런데 K 군은 수급균형 외에 '수고'를 가격결정 요인으로 들었습니다. 수급균형과 수고 중 어느 쪽이 결정적인 요인이라고 생각합니까? 사실 이는 꽤 어려운 문제입니다. 우선은 야채를 예로 생각해 보죠.

● K ●

수고를 들이면 '맛있는 것'이 나온다는 게 일반론이니 얼마나 수고를 들였는지를 표시하면 잘 팔리게(=수요증가) 될 것입니다.

예를 들면 '이것은 일일이 손으로 딴 딸기입니다'라고 표시하는 쪽이 정성을 다해 수확한 느낌이 들어 보다 잘 팔리게(=수요증가) 될 겁니다. 이미지로 말하면 커다란 밭에서 대량으로 생산한 야채보다 하나하나 작은 밭에서 생산했다는 쪽이 좋은 이미지를 얻는 것과 같습니다.

확실히 수고를 들인 사람 입장에서는 '그만큼 비싸게 팔지 않으면 수지가 안 맞을 것'으로 생각하겠죠. 그러나 아무리 수고를 들여도 팔리지 않으면 어쩔 수 없습니다. 팔린다는 것은 파는 사람 입장만으로는 결정되지 않습니다. 사는 사람, 즉 수요가 없으면 이것 또한 어쩔 수 없는 것이죠. 파는 쪽은 어떤 생각으로 가격을 매길지, 또 그에 대해 사는 쪽은 어떤 생각으로 행동할지의 교차점에서 흥정은 발생됩니다.

우선 파는 쪽을 보도록 하겠습니다. 일반론으로 이야기하자면 공급자는 우선 수고가 얼마나 들었는가를 계산합니다. 이를 비용계산이라고 합니다. 실제 든 비용에 기회비용도 더해 계산합니다.

비용이 계산되면 거기에 이만큼 벌고 싶다는 목표이윤을 더해 가격을 매깁니다. 그 가격으로 사는 쪽(수요자)이 사 주면 좋겠지만, 그렇게 엿장수 맘대로는 되지 않습니다. 지금은 많은 제품이 시장에서 치열한 경쟁을 거치기에 라이벌 회사에 지지 않는 가격을 매겨야 구매자가 달아나지 않습니다. 이를 위해 비용이 겨우 빠질 가격밖에 매길 수 없는 경우도 드물지 않게 있습니다. 이런 시장을 '완전경쟁시장'이라고 부릅니다. 사실 애초 설명한 공급곡선이라는 것은 이 비용이 겨우 나오는 선에서 공급한 경우로 시장 전체에 어느 정도 공급량이 있는지를 나타내고 있습니다. 그렇지만 다른 회사가 내놓지 않은 신제품을 개발한 경우 등은 아직 라이벌이 없기 때문에 꽤 높은 목표 이윤을 더한 가격으로 팔 수 있습니다. 이것이 독점시장의 경우입니다. 단 곧 라이벌 회사도 비슷한 제품을 개발할 것이기 때문에 독점이라고 해서 언제까지나 반드시 높은 가격을 매길 수 있는 것은 아닙니다.

독점적인 신제품까지는 아니더라도 여러 궁리나 구매자와의 흥정에 의해 비용 이상의 가격을 매길 수 있는 경우도 있습니다. '손으로 딴 딸기'라는 선전을 하거나 산지브랜드 이미지를 확립하거나 하는 것도 이와 같은 궁리의 한 가지라고 말할 수 있습니다. 이는 '비가격경쟁'이라고 해 평범한 딸기가 아니라는 희소성을 인위적으로 만들고 강조해 가격을 높이는 방법입니다. 구매자 입장에서 보면 '손으로 딴 것'이니 맛있을 것으로 생각하고 조금 비싸더라도 사거나, 지금까지 딸기를 별로 먹지 않던 사람까지 구매로 연결시키죠. 이 결과 수요가 늘면서 높은 가격을 매길 수 있게 됩니다.

## 생산조정은 누가 하는 것인가?

K 군은 농산물의 '공급조정'에 대해 지적해 줬습니다. 애써 수고와 시간을 들여 키운 양배추를 갈아엎어야 하는 것은 농가에게 견디기 힘든 생각이겠죠.

**필즈** "그런데, 이럴 때 누가 솔선해서 양배추를 갈아엎을까요?"

K "그건 나도 모르겠어요. 모두 의논해서 갈아엎을지도……."

**필즈** "혹시 우리가 양배추 농가라면 어떨까요? 네코 쌤과 K 군 집
에서 양배추를 갈아엎어 준다면 가격이 회복돼 나는 갈아엎지
않아도 될지 모르고, 그러면 최소한 나는 다른 사람들을 제쳐
버릴 것 같습니다."

K "농협에서 지시가 나오는 것일까요?"

누구일까요? 밭을 갈아엎는 뼈아픈 일을 개별농가 마음대로 한다
면 자신만 빠져서 이득을 챙기려는 경우가 있겠죠. 또 모두가 이렇게
똑같이 생각하면 누구든 갈아엎는 일 따위는 하지 않을지 모릅니다.
그런데 갈아엎는 것은 정말로 손해나는 일일까요?

● 필즈 ●

수확 전의 양배추가 밭에 있습니다. 수확하는 데는 누군가를 고용해
야 합니다. 그리고 임금을 지불해야 합니다. 또 박스에 담기 때문에
잡비도 들어갑니다. 시장까지 팔러 간다면 거기에도 비용이 들어갑니
다. 이런 비용을 합친 것과 양배추에서 얻을 수 있는 매상을 비교해 양
배추 매상이 적다면 밭을 갈아엎을 수밖에 없습니다.

이때 전부 갈아엎으면 한 푼도 건질 수 없게 돼 버리기 때문에 수확기가
된 것을 우선해 조금씩 뽑아 버리면서 가격이 회복되기를 기다리게 됩

니다. 그래도 안 되면 또 조금씩 갈아엎어 봅니다. 드는 비용보다 양배추를 파는 것이 1엔이라도 득이 되는 시점에서 결국 수확을 할 겁니다.

필즈 씨의 발언 중 중요한 것은 시장에 출하할 때 드는 비용과 양배추 가격을 비교하는 점입니다. 그러나 보통은 애써 키운 양배추를 갈아엎는 게 아깝고, 키우는데 흙을 갈거나 비료를 주는 등 돈이 들었을 것을 생각할 수밖에 없습니다. 그렇다면 이런 재배비용은 생각하지 않아도 될까요?

수확기에 출하할지 그만둘지 판단이 다급해진 시점이라면 이미 양배추는 다 자라 있기 때문에 출하를 하든 갈아엎든 어느 쪽이든 키운 비용은 소모됐습니다. 이렇듯 해당 시점에서 어떤 결정을 해도 이미 들어 버린 비용을 '매몰비용' 이라고 합니다. 때문에 키운 비용을 고려하지 않고 앞으로 출하비용을 들여서라도 매상을 올리는 편이 나은지, 그렇지 않으면 갈아엎는 편이 나은지를 판단하는 것이 올바른 길입니다. 매몰비용에 얽매이면 곤란하죠. 출하비용이 높으면 갈아엎는 게 오히려 이득이 되기 때문입니다.

한 가지 더 중요한 점은 조금씩 갈아엎는다는 판단입니다. 다른 농가도 마찬가지로 갈아엎어 출하가 크게 감소하면 가격이 올라갈지도 모르고 양배추 인기가 다시 찾아올지도 모릅니다. 이처럼 환경이나 가격이 변할 때는 한 번에 모든 것을 결정해 버리지 말고 주위 변화를 살피면서 조금씩 판단하는 것이 좋을 수도 있습니다.

# 옥션, 시장, 수용, 공급, 수요곡선, 공급곡선, 곡선의 이동, 비가격경쟁, 매몰비용

## | 정리 | ARRANGE

① 시장에서는 파는 쪽의 마음인 공급과 사는 쪽의 마음인 수요의 움직임으로 가격이 결정돼 갑니다.

② 그 과정은 수요곡선과 공급곡선을 그려 보면 이해하기 쉬워집니다.

③ 수요곡선, 공급곡선은 가격 이외의 조건이 일정한 경쟁시장을 전제로 만들어졌기 때문에 가격 이외 조건이 변화한 때는 곡선이 이동합니다.

④ 수급균형 이외에 브랜드화나 특별한 궁리에 따라 가격을 설정한 것도 시장에서는 자주 볼 수 있습니다.

## | 복습 문제 | REVIEW PROBLEM

1. 다음 문장의 옳고 그름을 판단해 보세요.

（　　）가격은 시장에서 특정한 개인이나 회사가 마음대로 결정한다.

（　　）가격은 수요와 공급보다 수고에 의해 결정될 때가 많다.

（　　）풍작으로 양배추를 갈아엎는 것은 농가에게 있어 합리적인 행동이다.

（　　）조류독감 뒤에 계란이 비싼 것은 수요보다 공급이 감소했기 때문이다.

2. 다음 문제를 생각해 보세요.

❶ 필즈 씨가 체험한 인터넷 옥션을 수요곡선과 공급곡선을 사용해 그림으로 나타내시오.

❷ 태풍 뒤 양배추 가격이 비싸진 것은 왜인지 수요곡선과 공급곡선의 이동을 통해 설명해 보세요.

❸ 신문 상품란에서 원유나 철 등의 가격이 어떻게 변화하는지 살펴보세요.

❹ 만일 보고 있는 영화가 재미없다면 어떤 행동을 하는 것이 경제적으로 가장 합리적인지 매몰비용의 사고방식을 통해 설명해 보세요.

## 04

# 가격이 있는 것과 없는 것
## 【여러 가지 가격】

가격이 결정되는 방법을 알기 시작한 어느 날 필즈 씨로부터 '무엇이든 이야기하자' 코너에 투고가 들어왔습니다.

● 필즈 ●

지하철역 앞에서 공짜 휴지를 자주 나눠 주잖아요. 그것을 받을지 말지 늘 고민해요. 왜냐하면 휴지는 공짜지만, 정말로 받아도 되는 건지 몰라서요. 여러분들은 어떻습니까?

**아바라** "저는 안 받습니다."

휴지 한 개에도 여러 가지 견해가 있군요.


## 공짜인 것을 찾아라!

이번에는 공짜 휴지에서 경제 문제를 생각해 보겠습니다.

 네코노미스트

휴지를 공짜로 나눠 주고 있습니다. 즉 다시 말해 가격이 붙어 있지 않습니다. 그럼, 휴지와 마찬가지로 공짜인 것과 가격이 붙어 있는 것 혹은 붙어 있지 않은 것을 가능한 한 많이 예로 들어 보세요.


즉시 3명으로부터 투고가 왔습니다.


● 나카티 ●

있습니다. 우선 집의 우편함이나 신문에 끼어 들어오는 전단지나 슈퍼마켓 등에서의 시식품이 그렇습니다. 여러 가지 팸플릿이나 역이나 고속도로 휴게소에 있는 지도 혹은 거리에서 나눠 주는 호외신문도 있습니다.

더 있어요. 예를 들면 서점 계산대 옆에 있는 귀여운(?) 책갈피라든
가……. 지금은 휴지가 아니라 비닐파일을 나눠 주는 데도 있습니다.



민간방송에 수신료는 내지 않고 있잖아요. 가격이 붙어 있지 않아요.
수신료 대신에 스폰서 계약을 맺고 있다는 것이겠죠. 그것을 프로그램
제작비용으로 충당한답니다. 제품에는 당연히 광고료가 반영돼 있죠.

## 공짜도 여러 가지가 있다

전단지, 팸플릿, 지도, 호외신문, 책갈피, 민간방송 수신료 등…….
많이 나왔군요. 공짜인 것을 분류하면 아무래도 다음처럼 될 것 같
습니다.

❶ 가격을 붙일 필요가 없는 것, 애당초 붙일 수 없는 것

❷ 공짜라는 가격이 붙어 있는 것

❸ 실제는 가격이 붙어 있는데 붙어 있지 않은 것처럼(공짜로) 보이
   는 것

❹ 가격을 붙이려 하면 붙일 수 있지만, 붙여서는 안 되는 것

그럼, 이 분류를 힌트로 공짜인 것을 조금 더 찾아보기로 합시다. 내친 김에 만일 세상에서 가격이 없어진다면 어떻게 될까도 함께 생각하면 가격의 본질을 이해하는 데 도움이 될지 모릅니다.

● 아톰 ●

가격이 붙어 있지 않은 것은 어머니의 가사노동입니다(우리 집은 아버지도). 그러나 다른 사람이 밥을 지어 주거나 청소를 해 주면 매우 비싸기 때문에 이상하죠. 또 목숨이라든가 사랑, 신뢰, 성의 등은 가격을 붙인다면 나쁘다고 할까 혹은 인간관계가 쓸쓸해지니 가격을 매기고 싶지 않습니다.

## 섀도워크(무임금 노동)로서의 가사노동

분명히 어머니(또는 아버지)의 가사노동은 공짜입니다. 이는 위 출제에서 본다면 ❸의 진짜는 가격이 붙어 있는데 붙어 있지 않은 것처럼 (공짜) 보이는 것에 해당됩니다. 만약 어머니가 아파서 외식을 해야 한다면 상당한 지출이 생깁니다. 세탁도 세탁소에 맡기면 요금이 들고 육아나 병간호도 진짜로는 비싼 일인데 어머니는 공짜로 하고 있습니다.

하지만 가사노동은 사실 공짜가 아니라는 것을 정부(내각부)도 추정하고 있습니다. 추정방법은 가사 등의 무상노동에 드는 시간을 조사해 그 시간에 임금을 곱해 산출합니다. 어딘가에서 이 방법을 본 적이 없습니까? 그렇습니다. 기회비용의 사고방식을 가사노동의 가격 평가에 사용하고 있는 것입니다

그 추정결과 일본에서 가사노동은 연간 410만 엔(1996년)의 화폐가치가 있다고 합니다. 이처럼 실제로는 가치 있는 노동이 공짜처럼 보이는 것을 이반 이리이치라는 사람은 '섀도워크Shadow Work'라고 불렀습니다. 섀도워크에는 가사노동 이외에 봉사활동이나 통근 등 시장 이외에서 거래되거나 활동하는 노동이 모두 포함됩니다. 이들 노동의 특색은 시장경제가 잘 움직이기 위해서는 필요하지만, 시장에서 교환되지 않으므로 대금을 지불할 수 없기 때문에 공짜라고 여겨진다는 점입니다. 그래서 '그림자 노동' 즉, 섀도워크입니다. 섀도워크의 사고방식은 현재는 임금이나 보수가 정당하게 지불되지 않는 노동이나 활동에까지 확장돼 '언페이드Unpaid 워크'라고 불리는 경우도 있습니다.

## 목숨에 가격을 붙여도 괜찮을까?

아톰 군의 후반 댓글, 특히 목숨가격은 커다란 반향이 있었습니다. 두 사람의 의견을 소개하겠습니다.

● 구치오 ●

돈이 없는 사람들(?)이 자신의 장기를 팔거나 한다는 이야기를 들은
적 있습니다. 그 장기 덕분에 목숨을 구하는 것은 좋은 일일까요?

● 유이 ●

일본에서 최초로 뇌사상태 사람으로부터 장기이식이 이뤄졌을 때 저
는 아직 일본에 있었습니다. 일본에서는 장기이식 주선을 하는 단체가
있고, 무상으로 장기이식 정보를 알려 준다고 합니다. 하지만 이런 나
라만 있는 것은 아닙니다. 장기를 돈으로 주고받는 나라도 있고 검은
시장도 있습니다. 저는 일본의 방법이 공평해서 좋다고 생각합니다.

## 사람장기의 가격은?

이 문제는 ❹의 가격을 붙이려면 붙일 수 있지만, 붙여서는 안 되는
것에 해당하는 영역의 논의입니다. 일반적으로 생각하면 목숨에 가
격을 붙인다는 것은 말도 안 되는 것이지만, 목숨에도 가격을 매기
는 때가 있습니다. 예를 들면 장기이식입니다.

일본에서는 1997년에 장기이식법이 제정돼 뇌사 제공자로부터의
이식에 한해 장기이식이 인정됐습니다. 그러나 일본에서는 장기에
가격이 매겨져 있지 않습니다. 장기이식 네트워크에서는 환자의 필
요도에 따라 랭크를 매겨 순번을 정하고 있습니다. 제공자도 선의로

제공하는 사람이며 장기제공에 따라 대금을 받지도 않습니다. 또 본인의 의사표시가 절대 요건으로 돼 있습니다.

그런데 이 결과 이식을 희망하는 사람보다 제공자가 압도적으로 적어 희망자는 경우에 따라 이식이 비교적 자유로운 미국으로 건너가는 사람조차 있습니다. 다시 말해 1장에서 배운 희소한 상태입니다.

한편 미국에서는 이식되는 장기에 가격이 매겨져 비교적 현실적으로 이식이 이뤄지고 있습니다. 가격을 붙인다는 것은 생명부분에 가격이 붙어 있다는 뜻입니다.

이 경우 돈은 있지만, 이식할 장기가 부족할 때는 비합법적으로 검은 시장(암시장)에서 손에 넣으려고 하는 일도 자주 보도됩니다. 또 개발도상국의 아이들을 유괴해 그 장기를 적출해 암시장에 공급하는 사례도 소개된 적이 있습니다.

## 만일 생명에 가격을 매기면

그럼, 생명의 가격이란 무엇일까요?

힌트 한 가지는 생명보험에 있습니다. 생명보험은 만일 다치거나 사망하면 의료비나 생활비를 보장하는 보험입니다. 그러니 예를 들어 보장 1억 엔의 생명보험에 들어 있으면 생명의 가격이 거의 1억 엔이라고 추정되는 것입니다.

마찬가지로 교통사고 등으로 손해배상을 할 경우 보험에서도 생명가격이 추정됩니다. 이때 산정은 앞에서 말한 가사노동과 마찬가지로 '일실이익逸失利益' 즉, 만약 살아 있다면 얻을 수 있는데 죽어서 잃게 된 이익이 얼마인지 산정하는 기회비용과 비슷한 사고방법을 이용해 계산합니다. 이것도 일종의 생명가격입니다.

이처럼 좋거나 나쁘거나 하는 것과는 별도의 문제로 생명가격은 계산됩니다.

## 공기의 가격은?

이야기가 심각하게 됐습니다. 가격이 있는 것과 없는 것을 찾으러 좀 더 돌아다녀 봅시다.

● 요시코 ●

공기라든가 경치라든가 하는 가격은 어떨까요? 그리고 제가 이 문제를 보고 나서 고민하는 것은 쓰레기입니다. 쓰레기는 요즘 공짜로 회수해 주지만, 지자체나 처리업자가 경비를 들여 처리하고 있기 때문에 가격이 붙어 있는 것처럼 보입니다.

공기나 경치 등은 처음 등장했지만, 분명히 가격은 붙어 있지 않죠. 공기처럼 희소성이 없고 수요에 대해 공급이 많은 것을 '자유재'

라 부릅니다.

그런데 자유재인 공기도 만일 우주에 가거나 혹은 깨끗한 공기가 되면 즉각 희소하게 될 가능성이 있습니다. 그렇게 되면 가격이 붙게 됩니다. 이처럼 가격이 붙은 것은 '경제재'라고 합니다. 자유재가 경제재가 되는 경우는 물의 사례가 있습니다. 옛날 일본에서는 물이 공짜라고 했지만, 지금은 페트병으로 물을 사 먹는 게 일반적인 경우죠.


## 쓰레기의 가격은?

또 다른 문제, 쓰레기는 어떨까요?

지금은 쓰레기도 유료화하는 곳이 많으므로 공짜가 아닌 것은 충분히 예상됩니다. 그럼, 왜 쓰레기 처리비용은 들지 않고 공짜인 것처럼 보일까요?

여기에는 두 가지 이유를 생각할 수 있습니다. 하나는 양이 적으면 공짜로 처리가 가능하다는 것입니다. '물에 흘려보내다(없었던 것으로 한다)'는 말이 있습니다. 쓰레기도 마찬가지로 방출해버리면 그것으로 끝이라고 할 정도로 양이 적으면 처리비용은 무료인 것이죠. 하지만 지금은 다릅니다. 양도 질도 크게 변했습니다. 그래서 처리비용(코스트)이 발생하는 것이며, 결코 공짜가 아닙니다.

다른 또 하나의 이유는 처리비용을 세금으로 낼 뿐 직접 쓰레기를 내는 사람이 내지 않는 경우입니다. 시군구 등의 지방자치단체가 쓰레기를 처리하는 경우가 그렇게 됩니다. ❸의 실제로는 돈이 드는데 공짜로 보이는 경우이죠.

쓰레기처럼 시장에서 거래되지 않는 활동으로 사회적 영향이 나오는 현상을 '외부성'이라고 합니다. 그 영향이 플러스로 나오면 '외부경제', 마이너스로 나오면 '외부불경제'라고 합니다. 외부성이라는 말은 어렵게 들리지만, 요약하면 가격이 붙지 않았지만 실은 돈이 든다는 의미입니다.

쓰레기는 전형적인 외부불경제의 사례입니다. 인간의 활동에 의해 쓰레기는 반드시 나오는데 여기에 비용(코스트)을 들여 처리하고 싶지 않을 겁니다. 기업이라면 돈이 되지 않으니까 방치해 두죠. 이렇게 되면 곧 공해입니다. 그래서 쓰레기는 공짜가 아니라 정확히 가격을 붙여 그 가격부분만큼 처리비용을 낸 사람이 부담하는 것이 필요하다고 말할 수 있는 것입니다.

## 이 교실은 공짜

마지막으로 이런 투고가 있었습니다.

● HSN ●

공짜인 것이 있습니다. 바로 이 교실의 수업료입니다.

이 투고를 보고 학사관리인도 선생님도 모두 감탄해 버렸습니다. 분명 우리 교실서비스는 무료로 제공되고 있습니다. 수업료는 받지 않으니까요.

그러나 운영하는 데는 서버보수비용도 포함해 당연히 돈이 들어갑니다. 여기는 실험적인 시도이기 때문에 연구비에서 나가고 있습니다. 선생님들은 자원봉사입니다. 공짜 일을 하고 있습니다. 그래도 제대로 운영되고 있으므로 신기하기는 신기합니다.

이런 자원봉사 활동을 어떻게 평가할까요? 돈으로 환산해 그 대가를 받아야 할지 어떨지, 또 계속적으로 운영하기 위해서는 어떻게 해야 할지 등은 다른 기회에 이야기하죠. 매우 중요한 문제가 여기에 있을 것 같습니다.

# 섀도워크, 언페이드 워크, 일실이익, 자유재,
# 경제재, 외부경제, 외부불경제

## | 정리 | ARRANGE

① 공짜인 것을 분류하면 가격을 붙일 수 없는 것, 공짜라는 가격이 붙어 있는 것, 공짜로 보이는 것, 가격을 붙여서는 안 되는 것 등이 있습니다.

② 가사노동은 실제로는 유료지만, 가정에서는 공짜인 것처럼 보입니다. 그런 노동을 섀도워크라고 부릅니다.

③ 생명가격, 장기가격 등 가격을 매길 수 없는 것도 본래는 가격이 붙어 있습니다.

④ 쓰레기나 공기, 경치에도 가격이 붙습니다. 그것이 공짜처럼 보이는 것은 시장에서 거래되지 않기 때문입니다. 희소하게 되면 가격은 붙게 됩니다.

## | 복습 문제 | REVIEW PROBLEM

1. 다음 문장의 옳고 그름을 판단해 보세요.

(　　) 세상에 공짜인 것은 없다.

(　　) 본래 가격을 붙여야 하는 것에 가격이 붙어 있지 않은 경우 암시장이 형성될 가능성이 있다.

(　　) 공기처럼 수요량보다 공급량이 압도적으로 많은 것을 자유재라고 한다.

(　　) 쓰레기에는 마이너스 가격이 붙어 있는 경우가 많다.

2. 다음 문제를 생각해 보세요.

❶ 가사노동 이외의 섀도워크나 언페이드 워크에는 어떤 것이 있을까요. 가능한 만큼 예를 들어 보세요.

❷ 당신은 생명에 가격을 매기는 것에 찬성합니까? 그렇지 않으면 반대합니까? 장기이식을 사례로 생각을 정리해 보세요.

❸ 쓰레기 문제를 경제적으로 해결하기 위해서는 어떻게 하면 좋다고 생각합니까? 쓰레기 가격을 생각하면서 이를 힌트로 종합해 보세요.

❹ 자원봉사 활동에 가격을 매겨도 될지 어떨지를 생각해 보세요.

# 05

# 산지가격은 싸지 않다?!
## 【재정거래】


**특산품의 가격**


이번 수업은 귀성을 다녀온 나츠키 씨의 고향자랑에서 시작됩니다.


● 나츠키 ●

할머니 댁은 후쿠시마[7]현으로 자연이 풍요로워 기분이 좋습니다! 가

---

7   후쿠시마(福島)현은 일본 혼슈(本州)의 중북부에 위치했으며 태평양과 맞닿아 있습니다. 과일과 온천으로 유명한 지역인데, 2011년 3월 11일에는 대규모 지진과 방사능유출로 상당한 피해를 봤습니다.

리지와 사쿠라에비(새우)

을에는 단풍이 곱고, 봄에는 벚꽃이 만개합니다. 여름은 미묘하지만, 겨울에는 눈이 많이 내려 나무 위에 눈꽃이 가득하고 그것에 햇빛이 비치면 매우 아름답게 빛납니다. 행복한 마을이죠. 이곳에는 명물이 꽤 많이 있습니다. 복숭아라든가 얇게 빚은 만두라든가 호두과자도 맛있죠. 사과도 맛있는데 물론 아오모리[8]만큼은 못하죠.

그렇군요. 후쿠시마현은 복숭아가 특산품이군요. 나츠키 씨의 자료를 읽고 있는 것만으로 군침이 돌았습니다. e-교실은 인터넷상의 배움터라 일본 전역에서, 경우에 따라서는 해외에서도 참가자가 있습니다. 다른 지방에는 어떤 특산품이 있을까요?

---

8 혼슈(本州)의 가장 북쪽에 위치한 지역으로 사과가 특히 유명합니다.

● 도라에몽 ●

저는 센다이[9] 근처에 삽니다. 꽤 활기 넘치는 동네입니다.

센다이 명물이라고 하면 규탕[10]과 굴, 조릿대 모양 어묵입니다. 그러나 현지라고 해서 그렇게 싸지도 않습니다(규탕 전문점은 많습니다). 덧붙여 말하면 규탕은 거의 모든 가게에서 이미 구워진 것을 냅니다. 고기가게와는 꽤 다릅니다. 규탕 정식은 대부분 가게가 규탕과 보리밥, 국의 조합입니다.

조릿대 모양 어묵은 유명한 만큼 많은 가게가 있습니다. 인근의 상어 지느러미는 어획량이 일본 최고입니다. 꽁치도 유명합니다. 이 밖에도 주변에서는 온면과 딸기, 김 등이 특산물로 인기가 높습니다.


이쪽도 여러 가지 귀한 특산품이 줄을 섰습니다. 단 도라에몽 군의 투고에서 신경 쓰이는 부분이 있습니다. 그것은 '현지라고 해서 그렇게 싸지도 않다' 는 점입니다. 후쿠시마의 복숭아는 어떨까요. 현지에는 복숭아가 많이 있어서 매우 싸답니다. 5개 한 무더기에 300엔이라면 후쿠시마로 이주를 검토해 보고 싶은데 어떤가요?

---

9 미야기(宮城)현의 현청소재지로 17세기부터 대영주의 성읍으로 발전해 도호쿠(東北)지방의 최대 도시로 알려졌습니다. 소와 어패류 등이 특산품입니다.
10 규탕이란 소의 혓바닥으로 만든 요리를 말합니다. 센다이의 전통명물로 구워 먹거나 혹은 데쳐먹는 게 인기입니다.

복숭아 가격을 보고 왔습니다! 1개 300~400엔 정도였습니다. 후쿠시마 복숭아는 질이 아주 좋은 대신 조금 비싼 것 같습니다. 하지만 도쿄보다는 역시 열매가 빨갛고 달아서 자연의 맛이 납니다.

같은 시기 도쿄의 슈퍼마켓과 백화점, 그리고 거리의 과일가게에서 관찰하니 종류에 따라 다르지만, 복숭아 가격은 개당 200엔에서 300엔이었습니다. 대형슈퍼 등에서 세일대상 품목이 될 때에는 150엔 정도까지 내려간 적도 있습니다.

## 가격이 같게 된다는 것은?

앞 장에서 값, 즉 가격은 '수요' 와 '공급' 의 균형에 의해 결정된다는 것을 공부했습니다. 도쿄는 복숭아 산지가 아닙니다. 복숭아를 사고 싶어 하는 소비자가 많이 있는 대형 소비지역입니다. 한편 복숭아 산지인 후쿠시마에는 도쿄만큼 소비자가 있을 리 없습니다. 그렇게 되면 도쿄 쪽의 복숭아 가격이 높고 후쿠시마 쪽의 복숭아 가격이 낮아질 것 같습니다. 왜 후쿠시마와 도쿄의 복숭아 가격, 센다이와 도쿄의 규탕 가격이 '거의 같음' 이라는 현상이 일어날까요? 필즈 씨가 재미있는 얘기를 해 줘 우선 이런 것부터 생각해 봅시다.

아프리카에는 소말리아라는 나라가 있습니다. 오랜 내전으로 고생했
는데 북부 지방이 '소말리랜드공화국' 으로 독립을 선언하고 부분적으
로 평화를 되찾았습니다.

소말리랜드는 바다에 붙어 있어 상어가 많이 잡힌다고 합니다. 그러
나 소말리랜드 사람들에게는 상어 지느러미를 먹는 습관이 없기 때문
에 지느러미는 버리고 있다고 합니다. 다시 말해 상어 지느러미는 소
말리랜드에서는 무료인 것입니다.

그럼, 당신이 무역회사 사장이라면 이 비즈니스 찬스를 어떻게 활용
하겠습니까?


바로 상어 지느러미가 특산품인 센다이에서 도라에몽 군이 답장
을 줬습니다.




제가 사장이라면 우선 어느 정도 수입해 부하직원을 영업으로 내보내
얼마나 팔리는가를 조사하겠습니다. 이 작업을 몇 번 반복해 흑자가
되면 모든 상어 지느러미를 계약해 대량 수입하겠습니다(빨리 전부
확보해 두는 작전입니다. 상황에 따라서는 적기도 하겠지만……).

이것을 전국 가게에 국산가격의 반값 정도에 팝니다. 그러면 일반 사
람이라도 상어 지느러미를 먹을 기회가 많아져 회사의 지명도와 수입

이 늘고 계약수도 늘 것입니다. 소말리랜드 사람들도 쓰레기에서 수입이 창출돼 좋겠죠. 일본에서의 식사연회는 상어 지느러미 뷔페로 매우 해피하게 될 수도 있을 겁니다(이렇게 잘될지 모르겠지만……). 너무 잘 팔리면 해외진출도 생각하겠습니다.

그렇군요. '흑자가 되면'이라는 것이 중요하네요. 도라에몽 군은 조사를 위해 조금 사 보고 나서 소비자 반응을 보려는 작전인 것 같군요. 잘될 것 같으면 상어를 잡는 현지 어부들과 계약하거나 상어 지느러미 가공을 위해 현지공장(요컨대 회사 이름은 '도라에몽상사'가 좋겠네요.)을 세워 근로자를 고용하겠군요. 또 상어 지느러미를 일본에 보내기 위해 배를 수배하기도 할 것 같습니다. 도라에몽 군이 말한 대로 소말리랜드에서는 '쓰레기'인 상어 지느러미니까 처음에는 어부들도 기뻐서 싼 가격으로 건네줄 것 같군요.

그럼, 도라에몽상사가 이 소말리랜드산 상어 지느러미를 대량으로 일본에 수입한다면 어떤 일이 일어날까요? 도라에몽 군은 우선 국내산의 반값 정도에 판다고 말했습니다. 만일 소말리랜드산 상어 지느러미가 일본시장에 나와 있는 다른 상어 지느러미와 같은 품질이라면 많은 소비자가 '도라에몽표' 상어 지느러미를 사려고 쇄도하겠죠. 그리고 도라에몽 군이 말한 것처럼 도라에몽상사는 크게 번창하게 될 것 같은데…….

## 재정거래란?

이야기가 조금 바뀌는데요. 여러분은 에도시대 거상 키노쿠니야 분자에몽紀伊国屋文左衛門이라는 사람의 이야기를 들어 본 적이 있습니까? 키슈紀州는 지금의 와카야마[11]현에 해당하는데 에도시대 초기부터 온난한 기후를 이용해 귤 재배가 번성했습니다. 여기에서 재배된 귤은 인근 항구(시모쯔)에서 배로 대소비지로 출하됐습니다. 다만 당시 해운기술로는 풍파로 뱃길이 끊기는 일도 종종 있었습니다. 그렇게 되면 출하가 정지돼 산지에서는 귤의 가격이 폭락하고 에도(도쿄) 등 대소비지에서는 폭등하게 되는 것입니다.

이때 배의 침몰이라는 리스크를 각오하면서 에도까지 배로 귤을 운반해 큰돈을 번 사람이 키노쿠니야 분자에몽입니다. 도라에몽 군과 같은 발상으로 장사 기회를 잘 잡은 상인이 과거 시대에도 있었던 것이죠. 이처럼 싼 곳에서 사서 비싼 곳에 내다 팔아 이익을 내는 것을 '차액거래' 혹은 '재정거래'라고 부릅니다.

이 재정거래에 복숭아나 규탕 가격의 비밀을 풀 열쇠가 숨겨져 있습니다. 지금부터 재정거래가 일어나면 가격이 어떻게 변하는지 간단한 예를 들어 생각해 봅시다.

---

11　와카야마(和歌山)현은 혼슈(本州)의 남서부에 위치한 지역입니다. 오사카 남쪽의 기이(紀伊)반도 남서쪽입니다. 예로부터 감과 귤, 복숭아 등이 유명합니다. 키슈(紀州)는 와카야마의 옛날 이름입니다.

## 재정거래로 발생하는 것

A마을과 B마을은 옆 동네 사이입니다. 그런데 A마을에서는 복숭아가 200엔에 팔리고 있는데 똑같은 복숭아가 B마을에서는 1000엔에 팔리고 있다고 합시다. 이 경우 어떤 일이 일어날지 상상할 수 있을까요?

옆 마을 일이니까 A마을에서는 200엔에 팔린다는 정보가 분명 B마을의 아버지나 어머니들에게 곧 전달될 것입니다. A마을로 싼 복숭아를 사러 가는 사람이 많이 생기게 될 것입니다. B마을 가게는 텅 비어 복숭아를 사는 사람이 거의 없어져 버릴지도 모릅니다. 그러면 B마을 과일가게는 복숭아 가격을 내리지 않을 수 없겠죠. 한편 A마을 과일가게는 장사가 번창해 B마을에서도 손님이 오니 조금 더 가격을 올리려고 하는 가게가 나올지도 모릅니다. 이 결과 A마을과 B마을의 똑같은 복숭아의 가격차는 처음보다 작아지게 됩니다.

변화가 있는 것은 복숭아를 사는 사람만은 아닙니다. 도라에몽 군과 같은 발상으로 A마을에서 복숭아를 사서 B마을로 팔러 가는 사람도 나올 것입니다. 조금 머리를 굴려 생각해 보면 A마을에서 복숭아를 200엔에 공급받아 이것을 B마을에서 1000엔에 팔면 복숭아 개당 800엔이나 벌 수 있겠군요. 이것이 바로 '재정거래' 입니다.

실제로는 여러분이 A마을에서 가져온 복숭아를 차로 실어 팔더라

복숭아 가격이 같게 될 때까지 재정거래는 계속된다.

도 과일가게와 똑같은 1000엔에는 아무도 안 살지 모릅니다. 과일가게나 슈퍼에서 팔고 있는 복숭아라야 안심하는 사람이 많을 것이니까요. 이 경우 1000엔보다 조금 더 싼 가격으로 팔 필요가 생깁니다. 그런데 지금 여기에서는 그 가능성은 생각하지 않고 똑같은 복숭아라면 과일가게와 같은 가격으로 팔 수 있다고 생각합시다.

이처럼 재정거래를 하는 사람이 많이 나오면 복숭아 가격은 A, B 마을 모두에서 크게 변화합니다. 그것은 A마을에서 많은 복숭아를 사서 B마을에 많은 복숭아를 팔게 되기 때문입니다. 이것은 앞장에서 공부한 것처럼 A마을 수요가 증가하고 B마을 공급이 증가하는 것을 의미합니다. 이 결과 A마을의 복숭아 가격은 오르고 B마을 복숭아 가격은 내리게 됩니다. 이 경우도 역시 두 마을의 복숭아 가격차는 줄어들게 됩니다.

그러면 이런 가격변화는 언제까지 계속될까요?

재정거래를 조금 더 생각해 봅시다. 양쪽 마을의 가격차가 200엔과 1000엔 정도로 크지 않더라도 차이가 조금이라도 있으면 재정거래로 이득이 생깁니다. 지금은 운송비가 전혀 들지 않는 경우를 생각하고 있으므로 한쪽이 500엔이고 다른 한쪽 마을이 501엔이라도 개당 1엔의 이익이 나오기 때문입니다. 따라서 재정거래는 두 마을의 복숭아 가격이 완전히 같아질 때까지 계속됩니다. 완전히 같게 돼 버리면 더 이상 재정거래에서 이익은 나오지 않게 되고 옆 마을까지 복숭아를 사러 갈 필요도 없게 됩니다.

다시 말해 재정거래는 두 마을의 복숭아 가격을 똑같게 하는 작용이 있습니다. 그리고 똑같게 되면 두 마을의 '가격차'를 이용해 이득을 볼 수 없게 되므로 비로소 재정거래는 일어나지 않게 됩니다. 만일 운송에 돈이 들면 양쪽 마을의 가격은 완전히 일치하지는 않지만, 어쨌든 양쪽 마을 가격차는 적어지게 됩니다.

## 역사 속의 재정거래

지금까지 논의에서는 두 마을에서 팔리는 복숭아는 완전히 같은 것이며 운송에 드는 비용도 제로라고 생각해 왔습니다. 현재는 운송기술이나 냉장기술이 향상됐고, 또 장시간 운송에 문제없는 품종이 만들어져 확실히 운송비용이 크게 내려갔습니다. 이 결과 도시 슈퍼에서도 산지와 별 다름없는 품질의 물건을 같은 가격으로 살 수 있는 경우도 적지 않습니다.

그렇지만 운송기술이나 냉장기술이 발달돼 있지 않던 옛날에는 그렇지 않았습니다. 인간의 역사를 뒤돌아보면 옛날 지중해에서 활약한 페니키아 상인, 실크로드를 여행한 상인, 근세에서는 아시아와 유럽을 잇는 항로를 이용해 장사를 한 동인도회사 등 '차익거래' 로 막대한 이익을 낸 상인들이 속속 등장합니다.

흥미로운 것은 그들의 등장 이전에 운송수단의 변화가 있었다는 것입니다. 실크로드라는 운송을 위한 길이 만들어진 결과, 그곳을 통해 중국의 물자를 유럽에 운반하는 상인들이 생겨났습니다. 유럽 주변의 재정거래가 이익을 내지 못하게 됐을 때 유럽인들은 더 큰 이익을 신천지에서 구했습니다. 나침반의 발명이나 조선기술의 향상으로 유럽인은 지구를 일주하는 항로나 아메리카 대륙을 발견하고, 이에 따라 새로운 재정거래가 태어나게 됩니다. 이 시대 동인도 회사 등의 무역회사가 대활약해 유럽에 부를 가져다 줬습니다. 19세기 후반에는 수에즈 운하나 파나마 운하 개통에 의해 물자운송이 더욱 가속화됐습니다. 인류 역사를 '재정거래'라는 관점에서 다시 정리해 보는 것도 재미있을 것입니다.

## 가격이 같아지지 않는 경우

현재처럼 운송 및 냉장기술이 발달하거나 유통구조가 간소화돼도 재정거래로 가격차가 작아지지 않는 경우도 있습니다. 하나는 상품 자체단가가 싸기 때문에 운송코스트가 상대적으로 비싸고(어지간히 팔리지 않으면) 대소비지로 옮겨도 이득이 없는 상품이 있습니다. 또 다른 하나는 현재의 유통기술로 맛을 간직한 채 대소비지로 옮기는 것이 어려운 상품입니다.

전자의 예로 일본에서 잡히는 생선을 떠올려 봅시다. 도미나 참치, 연어, 광어처럼 어느 지방의 생선가게에서든 볼 수 있는 것도 있고, 다른 곳에서는 좀체 보기 어려운 생선도 있습니다. 예를 들면 코치[12]현의 니로기[13]나 히로시마[14]의 와치[15], 오키나와[16]의 미준[17] 등의 작은 생선은 대부분 해당지역 안에서 소비되고 다른 지방에서는 좀체 보기 어렵습니다. 이들 생선은 단가가 싸다는 이유로 대도시로 가져가도 이익을 챙기기 어렵다는 게 일반적인 생각입니다. 바꿔 말하면 이는 재정거래 때 운송비용(생선단가에 비해)이 상당히 높기 때문에 대도시에서는 별로 판매되지 않는 경우라고 생각하면 됩니다.

후자의 예로는 운송이나 저장이 적합하지 않은 섬세한 과일 등을 들 수 있습니다. 리치는 당나라 현종의 황후 양귀비가 좋아한 것으로 유명한 과일입니다. 지금도 최고급품은 한 알에 수백만 엔이라고 합니다. 그러나 생리치는 저장에 적합하지 않은 섬세한 과일이기 때문에 대량으로 유통시키기 위해서는 냉동리치로 가공해야 합니다. 유감스럽게 냉동리치는 현지에서 먹는 생리치와 맛이 달라 한 알에 수백만 엔의 가격이 매겨지는 일은 없습니다. 같은 리치라 해도 재정거래의 효과가 별로 없어 가격이 같아지지 않는 것이죠.

생시라스(치어)나 제철의 사쿠라에비(새우)도 산지가 아니면 좀처럼 맛볼 수 없는 특산품입니다. 맛있는 것은 역시 산지에서 먹는 것이 제일이라는 나츠키 씨의 의견은 운송이나 저장기술이 발달한 오늘날에도 여전히 통하는 것 같습니다. 때문에 여행하거나 귀성하거나 하는 즐거움이 있다고도 말할 수 있겠죠.

---

12  고치(高知)현은 시코쿠(四國)의 남부지역에 위치한 지역으로 남쪽이 태평양과 면해 있어 어업이 활발하며 여름에는 태풍 피해가 잦습니다.
13  태평양 심해에 사는 작은 생선으로 바다 히이라기로도 불리는데 안주용으로 인기가 높습니다.
14  히로시마(廣島)현은 혼슈(本州)의 남서부에 위치했으며 세토나이카이(瀬戸内海)로 불리는 내해가 있는데 천혜의 자연경관으로 유명합니다.
15  청어의 일종인데 전통 향토요리로 자주 등장하는 작은 생선입니다. 초절임한 와치는 밥을 부른다는 뜻의 '마마카리'로도 불립니다.
16  오키나와(沖繩)현은 난세이제도(南西諸島) 남부의 류큐제도(琉球諸島)에 속하는 섬들을 포함하는 일본의 최남단 지역입니다. 원래 류큐(琉球)왕국이라는 독립국이었는데 1609년에 현재의 가고시마(鹿兒島) 지방을 지배한 영주에 의해 정복돼 일본에 복속됐습니다.
17  청어의 일종으로 오키나와를 대표하는 전통 음식재료입니다.

# 차익거래, 재정거래, 가격차

## | 정리 | ARRANGE

① 싼 곳에서 사서 비싸게 파는 장사를 차익거래, 재정거래라고 합니다.

② 차익거래를 해서 누군가가 벌더라도 모두가 여기에 주목하면 오래가지 않습니다.

③ 가격변화는 가격차가 제로가 될 때까지 계속됩니다.

④ 이처럼 가격차가 제로가 되는 것은 품질이 같은 상품이나 서비스의 경우뿐이고 다른 품질의 것에는 적용되지 않습니다.

## | 복습 문제 | REVIEW PROBLEM

1. 다음 문장의 옳고 그름을 판단해 보세요.

    (    ) 산지가 대소비지보다 운송비가 싼 만큼 가격이 싸다

    (    ) 산지와 소비지의 가격차는 결국 제로가 된다.

    (    ) 어떤 물건이라도 반드시 하나의 가격으로 수렴된다.

    (    ) 차익거래로 가격차가 없어지는 것은 품질이 같은 상품이다.

2. 다음 문제를 생각해 보세요.

❶ 당신이 사는 동네의 특산품을 대고 그것이 얼마나 팔리는지, 또 도쿄나 오사카 등의 대소비지에서는 가격이 얼마인가 조사해 보세요.

❷ 소말리랜드산 상어 지느러미 장사를 오래 지속하기 위한 방법을 생각해 보세요.

❸ 차익거래에서 결국은 같은 가격이 되는 예를 일상 뉴스에서 발견해 보세요.

❹ '반드시 돈 버는 건수가 있는데……' 라고 들었습니다. 자, 당신이라면 어떻게 대답하겠습니까?

# 06

# 용기 있는 사람의 소지품은?
## 【화폐】

이누 쌤, 아무래도 어제 밤늦게까지 TV게임을 하신 것 같습니다. 어쩐지 롤 플레잉 게임 같은 이상한 말을 꺼내셨군요.

이누노미스트

자, 여러분에게 오늘은 색다른 퀴즈를 내겠습니다!

용기 있는 사람은 어떤 것을 가지고 있습니다. 그것을 마을 사람들에게 주면

모두가 매우 기뻐합니다. 또 용기 있는 사람이 그것을 가지고 가면 마을 사람

들은 빵이든 우유든 교환해 줍니다. 어느 날 용기 있는 사람이 이웃 나라까지

여행을 갔습니다. 그리고 그는 그 어떤 것을 빵과 교환하려 했습니다. 그런데

아무도 교환해 주지 않았습니다. 그러기는커녕 그 어떤 것을 이웃 나라 사람들에게 주려 해도 아무도 전혀 기뻐하지 않았습니다. 용기 있는 사람은 대체 무엇을 갖고 있었을까요?

즉각 회신이 들어왔습니다.

● 미우미우 ●

'어떤 것'을 전염병 예방 '약초'로 생각해 봤습니다. 그 약초는 B나라에서만 생산되고, 게다가 그다지 많이 채취할 수도 없다고 합니다. A나라 사람들은 이 약초를 기쁘게 빵과 교환해 줬습니다. 다음으로 용기 있는 사람이 향한 곳은 이웃인 B나라입니다. 원산국인 데다 이미 사람들이 약초를 갖고 있어 그 약초는 빵과 교환할 값어치가 없다고 봤습니다. 여기서 제가 생각한 약초의 특징을 들어 보겠습니다.
A : 만인에 대해(일시적이라도) 가치가 있는 것이다.
B : 사람이 개개인으로 생산할 수가 없다.

그렇군요. 약초는 재미있는 예입니다. 특히 만인에 대해(일시적이라도) 가치가 있는 것이라는 점이 중요합니다.

● 치마코 ●

용기 있는 사람이 갖고 있던 것은 첫 번째 마을의 돈(통화)입니다. 이웃 나라에서는 돈의 종류가 다르니까 쓸 수 없었죠. 아마도 『도라에몽(애니메이션)』 이야기 중에서 타임머신을 타고 옛날로 갔는데, 현재의 돈으로 지불하려고 했더니 '뭐야? 이건 돈이 아니잖아' 라고 하는 장면이 생각나는군요.

'돈' 이라는 말이 나왔습니다. 그렇습니다. 분명히 돈은 이 퀴즈에 나온 특징을 두루 갖고 있습니다(여러분도 해외여행을 갈 때 등을 상상해 보세요.). 그러니까 돈이 반 이상 정답입니다. 그러나 조금 더 파고들어 '그 돈이란 게 무엇일까' 라고 생각해 봤으면 합니다.

여러분이 생각하는 돈이라는 것은 누구든 그것을 갖고 있으면 어떤 상품과 교환해 주는 편리한 것이죠. 그러므로 만인에 대해(일시적이라도) 가치가 있는 것, 누구나가 갖고 싶어 하는 것이라는 점이 중요합니다. 금이나 보석류가 돈으로 사용된 것도 그런 이유죠. 미우미우 씨가 생각한 약초도 매우 효과 있는 약초였다면 돈으로 통용될 것 같군요.

● 만마루 ●

경제엔 초짜인 만마루입니다. 경제에서 이해하고 싶은 것은 역시 돈입니다. 예를 들면 어떻게 종잇조각인 지폐로 무엇이든 살 수 있는 건가요? 황당한 질문이지만, 생각하기 시작하면 불안해지니까 평소에는 잊고 삽니다.

그렇군요. 여러분이 보고 있는 돈, 다시 말해 지폐는 단순한 종잇조각이군요.

● 아톰 ●

'어떻게 종잇조각인 지폐로 뭐든 살 수 있는 거죠?' 의 대답은 '신뢰(혹은 신용)가 있으니까' 가 아닐까 생각했습니다. 그러나 '신뢰' 라는 게 뭔지 잘 모르겠네요.


그 신뢰란 도대체 무엇일까요? 예를 들면 우리들이 매일 사용하는 돈(화폐)에는 어떤 신뢰가 있을까요?


● 미우미우 ●

돈의 가치에 대해 역으로 생각해 보았습니다.

쌀과 빵. 쌀가게 미자는 어느 날 아침에 빵이 먹고 싶어졌습니다. 미자는 빵을 구하기 위해 어떻게 하면 좋을까요? 당연하지만, 빵과 쌀 어느 쪽이 좋을지 아무도 결정할 수 없습니다. '쌀＝빵' 이 아니라 '쌀＝돈＝빵' 이라는 흐름에서 비로소 미자는 빵을 먹을 수 있습니다. 어떻게 돈에 가치를 발견했는가가 문제였죠? 돈이란 빵, 그리고 쌀 사이에 있는 것입니다. 돈 그 자체는 먹을 수 없으며 갖고 있어 봤자 큰 도움이 되지도 않습니다. 역으로 이것 때문에 지금처럼 돈이 역할을 하는 것은 아닐까요.

공교롭게도 그런 추상적인 중간물이 될 수 있는 카리스마적인 요소(?) 같은 게 돈에 있었을 따름이고…….



분명히 '카리스마성'이 키워드일지 모릅니다.

결국 그것은 사람이 무엇인가의 대가로서 받아들이는지 아닌지에 관련된 것이겠죠. 신뢰로 말입니다. 또 그 신뢰는 다음 교환, 그리고 그다음 교환에도 근거를 점점 더 갖게 되는 것입니다.


## 교환매체로서의 화폐


미우미우 씨가 말한 쌀과 빵의 교환사례를 조금 더 생각해 봅시다. 쌀가게 미자가 빵을 먹고 싶어졌을 때 빵가게에 가서 쌀과 빵을 교환해 달라고 부탁하는 것이 제일 단순한 방법입니다. 혹시 마침 빵가게 아저씨도 쌀을 먹고 싶다고 하며 이 교환은 성립되고 모두 '해피'하겠죠.

그렇지만 대부분의 경우는 그렇게 편하게 진행되지 않습니다. 빵가게 아저씨가 반드시 쌀을 갖고 싶어 하는 것은 아닙니다. 그래서 쌀가게 미자는 쌀을 빵가게 아저씨가 교환에 응해 줄 '무언가'와 우선 교환하려고 생각합니다.

그러나 빵가게 아저씨가 무엇을 갖고 싶어 하는지 잘 모르기 때문

에 많은 사람이 갖고 싶어 하는 것, 그리고 많은 사람이 거기에는 반드시 가치가 있다고 생각하는 것과 교환하기로 합니다. 이 '많은 사람이 교환에 응해 주는 것'이 바로 돈(조금 더 어려운 말로 하면 '화폐')입니다. 때문에 우선 쌀을 돈으로 교환합니다. 그 돈을 갖고 빵가게로 가 빵과 돈을 교환하는 것입니다.

여기서 중요한 것은 가능한 한 많은 사람이 교환해 주는 것이 돈으로서 바람직하다는 점입니다. 쌀가게 미자는 처음엔 빵을 먹고 싶으니까 쌀과 교환할 돈이 얼마만큼 자신에게 매력적인가는 그다지 중요하지 않습니다. 중요한 것은 그것을 빵가게 아저씨가 기뻐할지 어떨지 하는 점입니다. 그래서 빵가게 아저씨가 그것을 기꺼이 빵과 교환해 준다면 그것이 돈으로서 바람직한 것입니다. 때문에 처음 돈으로 사용된 것은 금이나 보석처럼 많은 이들이 갖고 싶어 한다는 게 필수조건이 됐습니다.

그런데 세상에 돈이 사용되기 시작하자 금이나 은 등을 사용하는 것은 불편하다고 느끼기 시작합니다. 무엇보다 무거워 갖고 다니기가 어렵습니다. 그래서 금을 직접 이동시키는 대신 '돈으로 교환하겠습니다!' 하고 약속한 종이를 사용하게 됐습니다. 예를 들면 왕이 '이 종이를 가져오면 금 1온스와 언제든 교환해 주겠소' 하고 약속해주면 굳이 금 자체를 빵가게에 가져갈 필요는 없는 대신 그 종이를 가져가는 것으로 빵가게는 기뻐서 종이와 빵을 교환해 주도록 됐습니다.

　이것이 '태환지폐'라고 불리는 것의 시작입니다. 무엇보다 종이
는 가볍고 휴대하기 편리한 게 장점입니다.

## 불환지폐의 시작

이렇게 해 돈으로서의 지폐가 유통되기 시작해도 실은 모두가 지폐
를 금으로 바꾸는 것은 아닙니다. 왜냐하면 많은 사람이 금 자체를
갖고 싶어 금과의 교환을 보증해 주는 종이, 즉 지폐를 갖고 있는 것
이 아니라 그저 쌀과 빵의 교환을 편리하게 하고자 금이나 지폐를
일시적으로 갖고 있는 데 지나지 않기 때문입니다. 이러한 것을 '교
환매체'라고 합니다. 그 가운데는 금을 정말로 갖고 싶어 그 지폐를
손에 넣는 사람도 있겠지만, 많은 사람들에게 지폐는 교환매체로서
일시적으로 보유하는 데 지나지 않습니다.

　여기까지 생각하면 사실 '금과 교환하겠습니다!'라는 약속은 그
다지 중요하지 않음을 알 수 있습니다. 처음에 설명한 것처럼 '많은
사람이 교환에 응해 주는 것'이 돈에게는 정작 더 중요한 것입니다.
그 종이를 갖고 있으면 주위 사람들이 갖고 싶어 하는 상품과 교환
해 줄 것이기 때문에 그것이 금과 교환되지 않는 단순한 종이일지언
정 쌀과의 교환에 그 종이를 받아들이는 것입니다. 요컨대 모두가
'자기 주위 사람이 교환에 응해 준다'고 생각하면 금과 교환할 수 없
어도 모두 그것을 쌀, 빵, 고기 등의 물건과 교환해 주기 때문에 문제

없이 돈으로서 유통되는 것입니다.

실제 지금 여러분이 사용하는 지폐는 아무도 금과 교환해 주지 않습니다. 이것은 '태환지폐'와 비교해 '불환지폐'라고 불립니다. 단순한 종이가 돈으로서 유통되는 것은 이런 이유가 있기 때문입니다. 이 점을 조금 더 자세히 설명하도록 하죠.

## 불환지폐와 신용

쌀가게 미자는 자신의 쌀을 단순한 종이와 교환했습니다. 이것은 그것이 금과 교환 가능한 종이니까 교환한 것일까요? 아닙니다. '그것을 빵가게에 갖고 가면 빵과 교환해 준다'고 생각했기 때문에 바꾼 것입니다. 그것을 금과 교환해 줄지 어떨지는 쌀가게 미자에게는 아무 상관없는 것입니다.

그러면 왜 빵가게 아저씨는 빵을 내어주고 그 종이를 받은 것일까요? 그것은 그 종이를 이번엔 다른 사람(예를 들어 정육점)에 가져가면 다른 것(예를 들면 소고기)과 교환할 수 있다고 생각하기 때문입니다. 즉 설령 단순한 종이라도(제아무리 갖고 있어도 가치가 없을지언정) 그것을 가지고 가면 다른 사람이 무언가 필요한 것과 교환해 준다고 모두가 생각하면 그 종이는 실제로 '많은 사람이 교환에 응해 주는 것'이 돼 돈으로 유통되는 것입니다.

바꿔 말하면 주위 사람이나 거래하는 사람이 물건과의 교환에 응해 줄 것이라는 '신뢰'나 '신용'이 있으니 단순한 종이라도 화폐로 유통되는 것입니다. 이 신뢰는 왕이나 국가가 그 지폐와 금 및 보석과 교환을 보증하기 때문에 생겨나는 것은 아닙니다. 누군가가 마지막으로 그것을 금으로 바꾸어 줄 것으로 믿어 신뢰가 생기는 게 아닙니다. 불환지폐는 모두가 유통될 것으로 믿은 결과 그것이 실제로 유통되는 이상한 성질을 갖고 있습니다. 이것이 미우미우 씨나 만마루 씨가 말했던 '카리스마성'이라는 특징입니다.

## 버블과 닮았다

본래는 그다지 가치가 없는 종잇조각이 교환·유통되는 상황은 사실 '버블(거품)'이라고 불리는 것과 꽤 많이 닮은 특징입니다. 예를 들면 절벽 가까이라 절대 집을 세울 수 없을 것 같은 토지라도 경기가 좋은 버블시대에는 거래가 되고 점점 비싼 가격을 부르던 때가 있습니다. 집도 못 짓는 의미 없는 땅이지만, 다음 누군가에게 팔 수 있을 걸로 생각했기 때문입니다. 다음 누군가는 왜 그것을 사느냐 하면 역시 또 다른 사람에게 더 비싸게 팔 수 있을 것으로 생각하기 때문입니다. 이 결과 실제로는 가치가 없는 것인데도 주위 사람이 그것을 사 준다(교환해 준다)고 생각해 비싼 가격이 형성됩니다.

　이것은 '모두가 주고받으니 유통되고, 종이라도 고가품과 교환할 수 있다'는 지폐의 특징과 아주 닮았습니다. 닮았을 뿐 아니라 사실

이론적으로는 같은 구조를 지니고 있습니다. 그렇습니다. 돈이란 실은 그 자체가 거품이라는 얘기입니다.

## 유통되는 범위

화폐가 어느 정도 유통되는지도 '교환에 응해 주는 주위 사람들' 모두에게 달려 있습니다. 이들이 유통범위를 어느 정도까지 생각하는지에 따라 달라지기 때문입니다. 첫 퀴즈에서는 이웃 나라에 가져가면 아무도 교환에 응해 주지 않는다는 이야기가 나왔습니다. 실제 지금 일본에서 유통되는 지폐를 예로 들면 오스트리아에 가져가 가게에서 사용하려 해도 대부분의 경우는 받아 주지 않을 것입니다. 거꾸로 외국 돈을 일본에서 지불해도 가게에서는 의아한 얼굴로 볼 뿐이겠죠. 통상 그 나라의 화폐는 그 나라 안에서는 유통되지만, 다른 나라에서는 유통되지 않습니다.

이것은 왕이나 정부가 그처럼 명령해서가 아닙니다. 엄밀히 말해 세금은 그 나라 돈으로 내야 한다 등 정부가 강제하는 부분도 일정 정도 있습니다. 편리성 등의 여러 이유가 근거로 제시되겠죠. 하지만 모두가 '교환에 응해 주는 것은 그 나라 안에서만' 이라고 생각하는 것에 따라 실제 유통범위가 결정된다는 점도 중요합니다.

실제 국가에 따라서는 미국의 달러지폐가 널리 유통되는 나라도 있습니다. 이 경우에 미국은 아니지만, 모두 '주위 사람은 달러지폐와 물건을 교환해 준다' 고 생각하고 있기 때문입니다. 따라서 돈의 유통범위가 반드시 국경과 일치하지는 않습니다.

## 인플레 가능성

● 미우미우 ●

'약초' 라는 비유에는 문제점이 있습니다. 그것은 약초가 식물이기 때문에 사람 손에 의해 절대수를 조절할 수 없는 물품이라는 점입니다. 너무 많은 양을 채취해 버리면 풍요 속의 빈곤이 될 수도 있고 또 매년 가치도 크게 변동합니다.

돈의 역할을 해야 할 약초의 가치가 변동하면 그 교환구조가 잘 작용되지 않을 것이라는 점은 예리한 지적이군요!

주위 사람이 교환해 줘도 그 돈이 세상에 넘치도록 많이 돌아다니면 돈에 대한 감사함은 떨어지게 될 것입니다. 그러면 교환해 주는 물건의 양이 줄어들지 모릅니다. 예를 들면 쌀 5kg과 교환해 줬는데 돈의 가치가 떨어진 결과 쌀 2kg밖에 교환해 주지 않는 사태가 일어날지 모릅니다.

가령 쌀 5kg이 1000엔이면 1000엔짜리 1장으로 쌀 5kg을 교환할 수 있어야 하는데 물가상승으로 쌀 2kg밖에 살 수 없게 된 상황입니다. 세상에 갑자기 많은 돈이 유통되면 이런 일이 자주 일어납니다.

돈의 감사함이 줄고, 돈의 가치가 떨어지는 것은 그만큼 물건가격이 상승하는, 즉 '물가'가 오르는 것을 의미합니다. 이처럼 돈의 가치가 줄어 물가가 올라가는 현상을 '인플레' 혹은 '인플레이션'이라고 합니다.

인플레가 되거나 미우미우가 씨가 생각한 것처럼 돈의 가치가 크게 변동하면 곤란한 사태가 생깁니다. 애초 이것으로 쌀 5kg을 살 수 있다고 생각하고 돈을 마련했는데, 그새 가치가 변동해 막상 쌀과 교환하려 할 때 2kg밖에 얻을 수 없게 돼 버리기 때문입니다. 이런 일이 일어나면 모두가 '돈으로 교환해도 정말 괜찮을까'라고 생각하게 됩니다. 더 극단적인 사태가 되면 교환은 되겠지만, 쌀 한 톨밖에 얻을 수 없는 일이 일어날지도 모릅니다. 이렇게 되면 교환할 수 있다 해도 화폐에 대한 신뢰나 신용은 거의 사라진 것이나 다름없는 상황이겠죠.

그럼, 네코 쌤이 끝으로 이런 문제를 내셨습니다.

 **네코노미스트**

돈에 관해서는 아직 궁금한 게 많이 있는 것 같습니다. 예를 들면 가짜 돈과 가짜 약초를 만들면 어떻게 될까요?

● **필즈** ●

사실 이전부터 이게 제일 궁금했습니다. 받은 사람도 알아차리지 못

하는 아주 진짜 같은 위조지폐라면 누구도 곤란해하지 않을 것 같습니다. 누구도 곤란하지 않을 텐데, 굳이 죄가 되는 이유는 뭘까요?

실제로는 그 정도로 정교한 가짜 돈은 없으니 받은 사람이 큰 손해와 피해를 보는 것입니다. 그러나 가짜 돈의 문제는 이뿐만이 아닙니다. 지폐가 당초 계획 이상으로 대량 유포되면 지폐신용이 떨어져 가치가 하락하거나 합니다. 이런 사태를 피하고자 '중앙은행' 은 화폐 발행량을 엄격히 관리하고 화폐가치가 크게 변동하거나 크게 떨어지는 일이 없도록 주의하고 있습니다. 이른바 위조지폐가 대량으로 만들어지면 중앙은행의 화폐관리를 저해할 위험성이 있습니다. 그래서 위조지폐 제조는 법률로 엄격히 금지돼 있습니다.

# 태환화폐, 불환지폐, 신용, 버블, 인플레이션, 중앙은행

## | 정리 | ARRANGE

① 만인에게 가치 있는 것이면 무엇이든 돈이 될 가능성을 갖고 있습니다.

② 교환매체로서의 돈은 물물교환의 어려움을 해소해 주는 마법의 도구로 등장했습니다.

③ 돈이 돈인 것은 모두가 그것을 돈으로 생각하고 사용하기 때문이며 그 신용이 없어지면 돈이 아니게 됩니다.

④ 중앙은행은 돈에 대한 신용을 유지하기 위해 화폐 발행량을 엄격하게 관리하고 있습니다.

## | 복습 문제 | REVIEW PROBLEM

1. 다음 문장의 옳고 그름을 판단해 보세요.

(　　) '금'이 아니면 돈이라고 할 수 없다.

(　　) 돈의 역할은 교환을 편하게 하는 것뿐이다.

(　　) 돈을 궁극적으로 지탱해 주는 것은 신용이다.

(　　) 돈의 가치가 하락해 물가가 상승하는 것을 인플레라고 한다.

2. 다음 문제를 생각해 보세요.

❶ 이제까지 돈으로 사용된 사례를 가능한 한 많이 들어 주세요.

❷ 돈의 신뢰가 없어질 때 어떤 일이 일어나는지 역사상의 유명 사례를 들어 보세요.

❸ 지폐를 갖는 것이 왜 버블과 닮았는지 설명해 보세요.

❹ 만일 아무도 모를 것 같은 정밀한 가짜 돈이 나돌면 경제적으로는 어떻게 될지(물론 법률적으로는 엄벌이지만) 생각해 보세요.

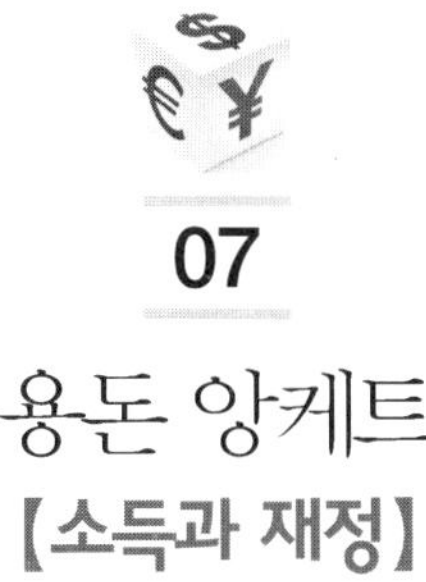

# 07

# 용돈 앙케트
## 【소득과 재정】

경제공부도 이제 어느 정도 경지에 들어섰습니다. '아하, 그렇군!' 하고 이해하며 점점 경제의 재미를 알게 됐겠지만, 머리도 조금은 아플 겁니다. 그래서 이번에는 가볍게 용돈조사부터 시작하기로 했습니다. 그런데 이것이 의외로 커다란 테마로 변해 갑니다.

## 용돈 앙케트

 네코노미스트

이번에는 여러분의 주머니 조사입니다.

① 매월 받는 용돈 액수는 얼마 정도입니까?

② 그 용돈을 어디에 제일 많이 쓰고 있습니까? 그리고 얼마나 씁니까?

③ 용돈으로 살 수 없는 것이 있다면 어떻게 하고 있습니까?

즉시 5명의 학생들로부터 반응이 있었습니다. 그것을 정리해 보면 아래와 같습니다.

| ❶ 0엔(필요할 때에 받는다) | 2명 |
| 1~600엔 | 1명 |
| 700엔 전후 | 1명 |
| 만 엔 | 1명(고등학생) |

| ❷ 문고본 | 5명 |
| 문구용품 | 5명 |
| CD, 게임, 라면 등 | 각 1명씩 |
| 하드커버 책 | 1명 |

❸ 저금해서 모아질 때까지 참는다, 도서상품권을 돈으로 바꾼다, 게임을 팔러 간다, 세뱃돈을 빼내 쓴다 등

용돈의 실태는? 모인 데이터를 보니 모두 용돈을 잘 쓰고 있는 것

같습니다.

용돈은 아이들의 생명선입니다. 경제적으로 말하면 부모 등 보호자의 소득에서 아이에게 넘어가는 소득이전으로 생각할 수 있습니다. 그래서 여러분들의 용돈이 얼마 정도인지는 부모님이나 조부모님의 주머니 사정과 상관이 있습니다.

현재 일본에서 아이들이 어느 정도 용돈을 받고 있는가 하는 조사는 '금융홍보중앙위원회'가 주기적으로 하고 있습니다. 그에 따르면 아래와 같습니다.

| | | |
|---|---|---|
| 초등학생 | 1 · 2학년 | 965엔(월) |
| 초등학생 | 5 · 6학년 | 1320엔 |
| 중학생 | | 2555엔 |

e-교실 학생 여러분과 별로 다르지 않은 수치가 나왔군요.


## 소비하는 용돈과 저축하는 용돈

e-교실 학생 여러분은 건전하고 성실해서 용돈의 거의 전부를 저금하는 사람도 있었습니다. 모자랄 때에는 어찌어찌해서 꽤 눈물겨운 노력을 하고 있습니다. 어른이라면 돈을 빌릴 수도 있겠지만, 미성년자이기 때문에 아직 대출은 할 수 없습니다. 그래서 어떻게 해서

든 변통하는 방법을 생각하는 것 같습니다.

> **미즈** "저금해서 N게이지(철도모형)를 사 도쿄역의 지오라마(소형모
> 형)를 만들고 싶어요."
>
> **아바라** "저는 고등학교 때 어떻게 해서든 플루트를 갖고 싶어 용돈
> 을 거의 안 쓰고 플루트를 위한 저금에 쏟아부었어요."

그렇군요. 무엇인가 갖고 싶은 것이 있을 때는 꾸준히 용돈을 모아 다 모이면 산다는 게 일반적이죠.

## 낭비는 좋은 것!

 네코노미스트

여러분은 건전하고 성실합니다. 그러나 저금만 하고 쓰지 않으면 일본의 경기는 좋아지지 않기 때문에 한편에선 걱정도 됩니다. 돈을 저축하는 것은 좋은 일입니다. 하지만 모으기만 할 뿐 쓰지 않으면 '경기'는 좋아지지 않습니다. 이것은 '저축의 패러독스'라는 유명한 이야기입니다. 그러면 '다 같이 저축으로 열심히 쇼핑하자'는 게 정말 좋을까요?

뭐라고요? 모으기만 하면 안 된다고요? '저축의 패러독스'라고요? 네코 쌤, 갑자기 어려운 말씀을 하시네요.

"이 이야기는 '음, 그런 게 있나?' 하는 느낌이네요. 그러니까 패러독스겠죠. 힌트는 가게 입장에서 생각해 보는 것입니다. 예를 들면 절약해서 철도모형을 사지 않으면 모형가게는 상품이 안 팔리게 되겠죠. 누군가 한 사람만 사지 않는다면 가게로서도 큰 손해는 아닙니다. 그렇지만 모두가 절약한다고 물건을 사지 않으면 어떻게 될까요?"

## 저축의 패러독스

이누 쌤의 말씀처럼 만일 모두가 지금은 불경기라 장래가 불안하니 절약해야지 해서 '소비'를 줄인다면 어떻게 될까요. 조금 어려운가요?

철도모형 가게로 생각해 봅시다. 모형가게 매출이 줄면 다음엔 모형메이커의 매출이 줍니다. 그러면 모형가게 사람들도 절약하기 시작합니다. 메이커는 생산량을 줄이겠죠. 경우에 따라서는 정리해고를 할 수도 있습니다. 잘린 종업원들은 '소득'이 줄어들어 소비를 줄이지 않을 수 없게 됩니다. 메이커에 납품하던 원재료 메이커 사람들에게도 영향을 미칩니다. 결국 돌아 돌아서 마이너스 영향을 미치는 것이죠.

한편 '저축'된 돈은 어떻게 될까요? 소비가 줄기 때문에 저축률은 높아집니다. 그렇게 해서 맡겨진 돈은 은행 등에서 대출됩니다. 그런데 소비가 줄고 모형가게나 메이커가 생산량을 줄이면 오히려 돈

저축의 패러독스

을 빌려 회사를 확대하려 하지 않기 때문에 돈이 남아 버리는 일이 생깁니다. 이렇게 되면 본격적으로 불황이 돼 버립니다. 미래를 위해 현재 소비를 참고 저축을 장려하는 것은 훌륭한 행위로 칭찬받을지 모르겠지만, 경제 전체로는 자신이 스스로 목을 조르는 결과가 되지 않을까요? 이것이 바로 '저축의 패러독스' 입니다.

## 대출을 해서라도 용돈을 늘려라?

그럼, 사치를 하거나 무리하게 소비를 하는 것이 좋은 것일까요?

개인이 용돈 전부를 열심히 써 버리면 좋을까요? 생각만으로도 기분이 좋네요. 그러나 그렇게 마음대로 되지는 않습니다. 용돈(소득)이 한정돼 있기 때문입니다. '돈은 빌리면 되지. 아니면 엄마하고 더 협상해 볼까? 생각해 보니 신문에서 본 국채라는 것도 정부의 빚이지. 국가도 하는데 나도 빚 좀 내도 괜찮지 않을까.'

이런 식으로 생각하는 사람도 나올 것 같군요. 이누 쌤이 주의사항을 적어 주셨습니다.

🐶 **이누노미스트**

"경기를 좋게 하기 위해서라지만 혼자 지출을 증가시키는 것은 효과가 없습니다. 그러므로 경기를 좋게 하기 위해 낭비하거나 용돈 인상을 요구하지 않도록 합시다. 더욱이 빚을 내거나 하지 않도록 말이에요. 그러나 국민 전체가 한다면 혹시 빚을 내더라도 지출을 늘리는 편이 좋을지도 모를 때가 있습니다. 그것이 국채발행입니다. 그러나 '~할지도 모른다'라는 이야기일 뿐입니다. 오히려 좋지 않다고 생각하는 사람도 많기 때문에 지금 논쟁이 뜨거운 것이겠죠."

불황이니까 '공공투자'를 늘리자는 논의가 나오는 것은 이런 상황배경이 있습니다. 실제 '헤이세이[18]불황'으로 불리는 10년 동안 일본에서는 무려 총액 100조 엔 이상의 공공투자를 해 왔습니다.

## 그보다는 감세 쪽이 좋다?

● K ●

공공투자라는 것은 무엇을 위해 하는 것인지 조사해 봤습니다. 첫 번째는 국민생활을 좋게 하기 위해서 한다고 합니다. 두 번째는 첫 번째와 겹치는 것도 있는데 경기를 좋게 하기 위해서 한다고 합니다.

공공투자에서 세금을 사용해 쓸데없는 것을 짓거나 만들기보다는 개인적으로 감세를 하는 게 경기회복에 더 효과가 있을 것 같습니다.

공공투자를 비롯해 정부의 경제임무는 세금을 기초로 국민생활을 풍요롭게 하는 것입니다. 그것을 '재정'이라고 합니다. 그러나 풍요롭게 한다는 게 그리 간단하지 않습니다. 모두가 사용하지만, 돈이 안 되니까 아무도 제공하지 않는 일도 해야 합니다. 세금을 걷을 때도 모두 평등하게 걷을지 소득에 따라 차등적으로 걷을지 등 고민도 많습니다.

---

18  헤이세이(平成)란 일본의 연호로 1989년부터 시작됩니다. 1989년이 헤이세이 1년이 되는 것이죠. 1990년대 이후 버블붕괴로 복합불황이 일어나면서 일본의 주요언론은 90년대를 '잃어버린 10년'이라고 부르기도 했습니다. 이를 다른 말로 바꾼 게 '헤이세이 10년 불황'입니다.

경기가 나쁠 때는 지금까지 논의처럼 정부가 빚을 내서라도 일을 하는 것이 좋지만, 아무리 경기가 좋아진대도 쓸데없는 것을 만들어도 되는지의 의문은 당연히 남습니다. 그래서 일본 법률에서는 원칙적으로 정부가 빚을 내서는 안 되며, 만일 국채를 발행할 때는 국회 승인이 필요하다고 못 박고 있습니다.

때문에 공공투자라는 성가신 것을 하지 말고 차라리 '감세' 하는 편이 낫다는 의견도 있을 것 같군요. 조금 더 검토해 봅시다.

만일 감세하면 어떻게 될까요? 가계에 들어오는 수입 중 세금으로 지불해야 하는 부분이 줄기 때문에 가계로서는 사용할 수 있는 돈이 늘게 됩니다. 만약 여러분이 그 늘어난 만큼을 저축하지 않고, 쓰기 시작하면 확실히 공공투자와 마찬가지로 경기에는 좋은 부양 효과가 있을 것 같네요.

그러나 잠깐, 감세하면 정부수입이 줄겠죠. 정부에 돈이 없으면 공공투자를 늘리지 않아도 정부가 필요한 일을 할 수 없게 돼 버립니다. 때문에 역시 정부는 빚을 낼 수밖에 없고, 국채를 발행할 필요가 생길지도 모릅니다. 그 결과 증세라는 일이 일어납니다. 경기가 회복되면 세수가 늘어나니 그때까지 기다려라 해도 기다릴 수 있을지 없을지 모릅니다. 시간과의 싸움이 되기 때문입니다.

분명 공공투자도 감세도 경기회복이라는 의미에서는 같은 효과가 있습니다. 그리고 어느 쪽이든 나라의 빚인 국채를 발행하게 될 가능성이 있습니다. 단 감세의 경우 그 효과가 전부 저축 증가로 돌아가 버리면 아무도 돈을 쓰지 않는 결과가 되기에 경기자극 효과가 별로 없을 겁니다. 또 공공투자를 어떤 식으로 할지, 감세 부분을 어떻게 사용할지에 따라 미래에 미치는 영향도 달라질 것입니다. 공공투자를 낭비가 아닌 정말로 필요한 건물이나 설비를 만드는 데 사용하면 그것은 미래 세대는 물론 이 세상에 도움이 될 수도 있습니다.

## 빚은 얼마까지 내는 게 좋은가?

정부가 빚을 내 소비를 늘리면 경기는 좋아질 수 있습니다. 혹은 실업자가 더 생기는 것을 막을 수도 있습니다. 모두 경기의 좋은 이야기입니다. 하지만 빚은 언젠가는 갚아야 하는 문제가 있습니다. 물론 경기가 좋아지면 정부의 갚을 여력이 좋아지니 괜찮을 것이라는 낙관론도 있습니다. 그러나 현재 일본에서 정부의 빚, 즉 갚아야 할 공적채무는 무려 500조 엔이 될 것이라고 합니다. 지방까지 포함하면 800조 엔[19]에 달한다고 합니다.

● 치마코 ●

너무나 큰 숫자는 익숙지 않아서 잘 모르겠습니다.

---

[19] 2010년 연말기준으로 일본정부의 공적채무는 949조 엔이라는 게 공식통계입니다. 매년 빠른 속도로 국가부채가 늘어나면서 일본정부의 근심거리가 되고 있습니다.

재정적자는 정말 매년 확대되는 것 같고, 이것이 이대로 가면 어떻게 되는 건지 궁금합니다. 하지만 누구도 진심으로 걱정하지 않는 것 같기도 하고요.

치마코 씨의 걱정은 당연합니다. 주의할 것은 정부 빚은 가계 빚과 조금 성격이 다르다는 점입니다. 정부 빚은(국채를 외국인이 사는 경우를 제외하고는) 정부에게 돈을 빌려 주는 사람, 즉 국채를 사는 사람이 국내에 있다는 점입니다. 그래서 정부가 많은 돈을 빌렸다는 것은 한편으로 국민이 정부에게 많은 돈을 빌려 주고 있다는 뜻이기도 하죠.

물론 수입 이상의 빚을 지나치게 지면 가계나 정부 모두 건전성이 사라지는 것은 사실입니다. 때문에 빚이라도 전혀 문제가 없는 것은 아닙니다. 정부의 경우 무리해서 그 빚을 갚으려고 하면 증세를 더 해야 해 곤란에 빠질 가능성도 있습니다.

더욱이 문제인 것은 정부가 빚이 많아 이제 아무도 정부에게 돈을 빌려 주지 않으려는 사태가 되는 것입니다. 국채는 국채가 팔리지 않게 될 때 가장 문제인 것입니다.

## 국채를 둘러싼 트레이드오프

● 아키 ●

만약 국가가 파산하면 국제연맹에 도움을 청하겠지만, 돈을 빌려 준 사람은 어떻게 될까요? 일본이라면 국민의 불만이 폭발할 것 같은데요.

꽤 날카롭고 냉엄한 의견이네요. 분명 아르헨티나처럼 빚을 갚을 수 없다고 채무불이행 선언을 하고, 국채 가치가 휴지 조각처럼 돼 버린 경우도 있습니다. 이때 국제연맹, 엄밀하게는 국제연맹 전문기관인 국제통화기금IMF이 나서 엄격한 조건을 달고 도움을 줍니다.

하지만 최악의 시나리오도 있습니다. 경기를 살리기 위해 저금으로는 부족해서 빚(국채발행)을 냈는데, 잘못 운영해 파산하고 다급해져 '구조개혁'을 진행합니다. 또 국채발행을 30조 엔 이하로 억제하고 공공사업을 재조정하기도 하죠. 그런데 이게 거꾸로 모처럼 살아난 경기에 찬물을 붓는 일이 될지도 모릅니다. 왜냐하면 모두 절약하라고 하니 말입니다. 그렇게 되면 또 빚을 내게 될지도 모르겠죠.

눈앞(단기)의 이익을 좇을지, 더 앞(장기)의 이익을 노려야 할지 헷갈립니다. 이 두 가지가 같은 정책이라면 좋겠지만, 단기정책과 장기정책은 부딪히게 마련이죠. 이쪽을 잡으면 저쪽이 제대로 안 잡히는 상태인 트레이드오프(이율배반)입니다.

● 필즈 ●

낭비의 장려를 경기회복이나 경제 활성화로 연결시킨다는 것은 아무리 생각해도 이상합니다. 그렇게 해 경기가 좋아지더라도 달갑지 않을 것 같습니다. 또 아무리 생각해도 이상한 것은 '전쟁특수'라는 말

입니다. 전쟁 덕에 행복해지는 것은 매우 슬픕니다. 전쟁을 해서 활성
화되는 경제는 어딘가 병들어 있는 것 아닙니까?

어딘가에 '큰 문제가 없고 눈에 띄지 않는 작은 나라라 전쟁에 휩싸이
지 않고, 게다가 모두 일자리가 있어 불필요한 것은 살 수 없어도 필요
한 것은 살 수 있는, 공기 좋고 물 좋은 나라' 가 되는 방법은 없을까요?


필즈 씨의 판단도 지당합니다만, 경제를 활성화하거나 경기를 살
리기 위해 낭비나 전쟁이 불가피한 것은 아닙니다. 이것은 오해하지
말아 주세요. 본래는 가장 중요한 것(예를 들면 교육이라든가)에 돈을
쓰는 편이 훨씬 바람직한 것은 어떤 사회에서도 마찬가지입니다.

앞서 나왔던 논의는 아무것도 하지 않는 것보다는 낭비라도 하는
게 나을지 하는 논의입니다. 때문에 전쟁으로 경제가 활성화된다는
것은 반은 맞지만, 반은 반드시 그렇다고는 할 수 없습니다. 가장 중
요한 것에 돈을 쓰면 경제는 더 좋아지게 될 것입니다. 그래서 중요한
것은 지금 어떤 곳에 돈을 쓰는 것이 경제에 있어 좋은가 모두 다 생
각하는 것입니다. 한 가지 더 필즈 씨가 말하는 이상적인 나라는 일본
이라고 생각되지 않습니까? 전쟁에 휩싸이지 않는다는 것은 조금 다
를지 모르지만, 세계 여러 나라보다 일자리가 많고 무엇이든 살 수 있
으며 공기와 물도 그럭저럭 좋으니까요. 다만 이것을 앞으로도 계속
유지할 수 있을지는 꽤 조심스럽고 문제도 많이 있습니다. 어떻게 하
면 좋을지, 그리고 무엇이 결여돼 있는지 더 공부해 봅시다.

# 소득, 저축, 소비, 경기, 저축의 패러독스,<br>국민소득, 재정, 감세, 국채, 공공투자

## | 정리 | ARRANGE

① 용돈을 어린이의 소득이라고 생각하면 거기에서 소비를 하고 남은 것은 저축 됩니다.

② 저축만 하고 소비를 하지 않으면 '저축의 패러독스'로 경기의 발목을 잡을 수 도 있습니다.

③ 경기가 나빠서 소득이 늘지 않을 때 정부는 감세를 하거나 국채를 발행해 공 공투자를 해서라도 경기회복을 노립니다.

④ 쌓아둔 빚은 언젠가 갚아야 합니다만, 모두 더 이상 국채를 사지 않으면 정부 도산이라는 것도 일어날 수 있습니다.

## | 복습 문제 | REVIEW PROBLEM

1. 다음 문장의 옳고 그름을 판단해 보세요.

(　　) 일반적으로 경기가 좋을 때는 용돈도 늘고 소비도 활발해 진다.

(　　) 항상 장래를 위해 절약하는 것에 유의해 저축을 장려할 필 요가 있다.

(　　) 경기를 살리기 위해 공공사업을 하는 것은 낭비이며 효과 가 없다.

(　　) 현재 일본의 나라 빚은 500조 엔에 가깝다.

2.  다음 문제를 생각해 보세요.

❶ 경기를 살리는 데 낭비는 좋은 것이라고 했습니다. 정말인지 어떤지 생각해 보세요.

❷ 정부가 10억 엔의 새로운 공공사업을 했습니다. 만약 새로운 수입의 10%를 남기고 나머지는 쓴다면, 회사로 치면 10억 엔의 공공투자는 전체 얼마만큼의 소득을 늘리게 되는 것인지 계산해 보세요(힌트: 수면에 돌을 던지면 그 파도가 점점 커져 가는 것을 생각해서 계산해 보면 좋을 것입니다.).

❸ 정부의 빚이 500조 엔 있습니다. 이것을 어떻게 하면 좋을까요?

❹ '저축의 패러독스' 처럼 개인레벨에서는 맞지만, 전체적으로 볼 때는 잘못된 사례를 많이 모아 보세요.

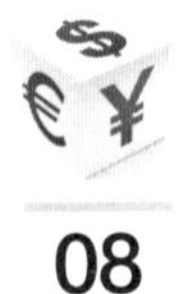

# 08

# 어떤 사회를 만들까?
## 【기업과 창업】

1장에서 등장한 모모네는 경제에 흥미를 갖고 『레몬을 돈으로 바꾸는 방법』이라는 경제 그림책을 읽고 투고를 했었죠. 이번엔 이 책을 힌트로 회사에 대해 생각해 보기로 합시다.

### 어떤 가게를 개업할까?

『레몬을 돈으로 바꾸는 방법』이라는 책에서 여자아이가 집에 있는 레몬, 설탕, 얼음, 물로 레모네이드를 만들어 팝니다. 그리고 레모네이드 가게, 즉 '기업起業(=창업)'을 시작합니다.

만일 당신이 지금 일본에서 창업을 한다면 어떤 가게를 하고 싶습니까? 그 장사 내용을 알려 보세요. 그리고 성공하는 기업이 되기 위해 어떤 방법이 있을지도 자유로이 써 주세요.

● 모모네 ●

저는 수예가 자신 있으니까 수예공방을 하겠습니다. 뜨개질한 것과 비즈 소품을 만들어 파는 것입니다. 싸고 좋은 작품을 팔 거예요. 그러기 위해 제가 만들고 비즈나 털실을 싸게 들여옵니다. 게다가 오더메이드입니다.

수제공방 좋습니다. 분명 인기를 얻겠어요. 그렇지만 모모네가 만든 제품을 더 사고 싶다고 요청이 쇄도하면 어떻게 하죠? 수제 오더메이드라면 주문에 다 응할 수 없는 일도 생기겠네요. 그럴 땐 어떻게 하죠?

● 모모네 ●

주문이 많이 오면 혼자서는 어렵기 때문에 뜨개질하는 사람을 늘립니다. 그 사람들에게 월급을 줘야 하기 때문에 제품 가격을 올려야 합니다. 여기서 더 나아가는 상황은 지금도 여전히 생각 중입니다.

모모네는 사람을 늘린다는 해결책까지 생각해 줬습니다. 그러면 사람을 늘리는 데는 돈이 필요하게 됩니다. 모모네는 물건 가격을 올려야 한다고 생각하는 것 같은데, 가격을 올리고 난 후 과연 팔릴지가 문제로 남겠네요. 그 밖에 다른 방법으로 사람을 고용할 돈을 조달할 수도 있을까요?

## 장사를 시작하기 위해 필요한 것

**모모네** "사람 다음으로 필요한 것은 돈이라고 생각합니다. 돈이 없으면 아무것도 안 되니까요. 제 가게에서는 제 저금과 갖고 있는 책을 팔아 자금을 준비할 생각입니다."

**네코노미스트** "만일 준비한 돈으로 부족할 때는 어떻게 할까요?『레몬을 돈으로 바꾸는 방법』에서는 모모네처럼 처음에는 돼지저금통에서 돈을 꺼냈었죠. 그러나 부족한 부분은 어떻게 했는지 기억하고 있습니까?"

**모모네** "아버지한테 돈을 빌렸습니다. 그렇죠! 돈을 빌리면 되겠네요."

모모네가 생각해 낸 저금통에서 자신이 준비한 것을 꺼낸 돈은 '자기자본' 이라고 합니다. 빌린 돈은 '타인자본' 이라고 하죠. 은행에서 빌린 돈이나 사채가 여기에 해당합니다. 이런 자기자본이나 타

인자본으로 사람을 쓰거나 공장을 짓거나 기계를 사거나 합니다.

자, 빌린 돈은 언젠가 갚아야 하는 돈입니다. 그러니 자기자본이 많은 쪽이 좋은 것입니다. 그러나 전액 모두 자신이 준비할 수는 없습니다. 그럼, 어떤 방법으로 갚지 않아도 되는 '자본'을 조달하면 될까요?



주식회사를 사용합니다. 옛날에 항해를 나가 향신료를 사 온 사람이 생각한 방법입니다. 모두가 책임을 지고 돈을 내서 주식을 삽니다. 그리고 나중에 거둔 이익을 주식이 팔린 수로 나눠 각자 산 주식 숫자에 따라 돈을 돌려주는 것이죠. 이때 아무리 손해를 보더라도 그건 산 사람의 책임입니다. 이것이 바로 주식의 시작이죠.

## 자본과 주식

회사를 설립할 때 자신의 돈으로 시작하기는 어려울 것입니다. 어지간히 저금을 하고 있거나, 땅을 갖고 있지 않으면 더 그렇습니다. 결국 돈을 빌려야 합니다. 이때 등장하는 것이 아키 군이 지적한 '주식회사'입니다.

주식으로 자금을 모으는 주식회사는 세상 모두에게 '만약 이 회사를 경영해 돈을 벌면 이득의 일부를 배당으로 드릴 테니 돈을 빌려

주세요'라고 부탁해 납득한 사람에게서 돈을 모아 기업을 운영하는 형태입니다. 돈을 낸 사람은 낸 만큼만 책임지면 됩니다. 이것을 '유한책임'이라고 합니다. 다시 말해 회사가 도산하면 출자주식의 가치가 제로가 될 뿐이고 회사가 진 빚을 돌려줄 필요가 없게 되는 것입니다. 그래서 안심하고 돈을 빌릴 수 있고 돈을 투자하는 리스크를 분산시킬 수 있기 때문에 폭넓게 자금을 모으는 데 적합한 기업형태로 널리 퍼졌습니다. 세계 최초의 주식은 1602년 설립된 '네덜란드 동인도회사'라고 합니다. 이 회사는 설립 2년 전에 만들어진 영국 동

인도 회사와 달리 영속적인 회사로 운영하기로 했기 때문에 근대 주
식회사의 실질면모를 갖춘 첫 회사로 간주됩니다.

이후 주식회사는 19세기가 돼 철강이나 철도, 석유, 화학 등 대규
모 설비가 필요한 분야에서 대량자금을 모으는 방법으로 활용됐습
니다. 이제 대부분의 주요기업은 거의 주식회사 형태를 보이고 있습
니다.

## 회사의 설립

현재 일본에서 주식회사를 설립하는 데는 1000만 엔을 준비해 금융
기관에 불입할 필요가 있습니다. 상법으로 정해져 있는 규정입니다.

그러나 '창업'을 촉진하기 위해 자본금은 1엔이라도 좋으니 대신
돈을 벌어 5년 동안에는 1000만 엔으로 하라는 '중소기업도전지원
법'이 만들어졌습니다. 이 규정을 상법에 적용해 이를 개정했는데,
이때 최저자본액 1000만 엔이라는 규정이 폐지됐습니다.

주식회사의 '주주'에게는 세 가지 권리가 주어집니다. 하나는 회
사가 돈을 벌면 그 이익의 일부를 배당으로 받을 권리입니다. 단 지
금까지 일본에서는 배당률이 낮아 배당을 받는 것만 목적으로 돈을
출자하는 일은 그다지 없었습니다. 그러나 최근에는 은행예금과 비
교해 유리하기 때문에 배당을 노리고 주식을 구입하는 사람도 늘고
있습니다.

둘째는 회사의 최고의결기관인 주주총회에 나가 경영에 관한 논의를 할 수 있는 것입니다. 이것은 1주 1표이므로 발행한 주식을 많이 가졌을수록 영향력이 비례해 커집니다. 물론 소수밖에 없는 경우라도 의견을 낼 수는 있습니다.

셋째는 갖고 있는 주식을 자유롭게 팔 수 있는 권리입니다. 주식을 발행할 때 얻은 돈은 주주에게 돌려주지 않아도 되는 돈입니다. 그래서 주주가 회사에 주식을 가져와서 '돈으로 돌려 달라' 고 말해도 돈으로 바꿔 주지 않습니다. 대신 주주는 그 주식을 사고 싶어 하는 사람에게 자유롭게 팔아 돈으로 바꿀 수 있는 권리를 부여받습니다.

주식의 발행과 매매는 처음에는 매매 상대를 자신이 찾는 형태로 이뤄지는 경우가 많았지만, 점점 일정 장소에서 거래규칙을 정하게 됐습니다. 그것이 증권거래소입니다. 증권거래소가 있는 장소로는 뉴욕의 월가, 런던 시의 런던증권거래소, 도쿄의 도쿄증권거래소가 유명합니다. 최근에는 컴퓨터의 가상공간이 주식거래 장소로 부쩍 주목받고 있습니다.

## 주식회사는 누구의 것?

주식시장에서는 기업을 둘러싸고 여러 사건이 일어납니다. 예를 들면 기업정보에 거짓을 기재한 것 때문에 회사경영자가 체포되거나, 인터넷기업에 의한 라디오방송국의 매수 문제가 화제가 되거나 합

니다. 즉시 여러분의 의견을 듣기로 했습니다.

> **네코노미스트** "매스컴에서도 많이 논의된 테마인데 회사란 누구의 이익을 위해 존재한다고 생각합니까? 주주, 사원, 그렇지 않으면 모두를 위해?"
>
> **닛시** "주주를 위해서입니다. 만일 그 회사가 공공성이 높고 모두의 생활에 깊게 관여하고 있다면 공공의 이익도 생각할 필요성이 있습니다."
>
> **도라에몽** "사원이오. 회사에서 일하고 월급을 받아 생활하고 있으니까요."
>
> **K** "회사는 사장의 이익을 위해 존재합니다. 사장이 사원을 고용하는 것이고요. 그러나 국민이 일할 권리 차원에서 보면 모두가 일할 수 있는 장소를 제공하는 점에서 모두를 위한 것일지도?"

## 지금의 주식회사 소유자는?

모두 제각각이네요. 그만큼 현재 주식회사는 다양한 역할과 많은 이해관계자를 갖고 있다는 것입니다.

현재 주식회사는 법률상 주주가 소유자입니다. 그래서 주식을 공개하고 있어도 창업한 지 얼마 되지 않는 회사 등은 창업자가 주식의 대다수를 갖고 그 회사를 지배합니다. 이른바 오너사장입니다.

그러나 많은 경우 거대해진 대기업에서는 개인이 그 회사 주식을 소유할 수 없고 경영도 소유자만 하는 것은 아닙니다. 대부분 주주가 아니라 그 회사에 사원으로 들어가 출세를 한 사람이나 경영에 관한 전문적인 능력 덕분에 스카우트된 사람 등이 경영을 담당하고 있습니다. 이렇게 소유자가 아닌 '경영자'가 기업을 경영하고 강력한 힘을 갖게 하는 것을 '소유와 경영의 분리'라고 합니다.

더욱이 현재는 종업원이 수만 명에 달하는 거대기업도 존재합니다. 종업원의 가족과 관련된 업계나 회사 사람들의 규모를 생각하면 민간기업이라도 하나의 사회제도로 큰 영향을 갖게 됩니다. 대기업 공장이 있는 마을에서는 그 기업이 정치나 경제, 경우에 따라서는 일상생활까지 큰 영향을 주기 때문에 '기업마을'이라는 단어조차 사용됩니다.

이런 현실을 감안하면 닛시 군이 주주라고 하는 것도 맞고, 도라에몽 군이 사원이라고 한 것도 맞고, K 군이 사장이라고 한 것도 맞습니다. 그래서 현재 주식회사는 주주의 목소리도 들어야 하고, 주주입장에서는 경영자가 회사 이익을 망치게 할 행동을 하지 않도록 주주총회에서 발언하거나 주주대표소송으로 책임을 추궁하는 일이 생기는 것입니다.

또 기업에는 코퍼레이트 시티즌십(기업시민)이라는 말이 있듯 사회 속에서 시민의 일원으로 역할을 하도록 기대됩니다.

## e-교실을 회사로 하면

e-교실은 이익을 목적으로 하고 있지 않습니다. 그럼, 만일 교실을
새로운 비즈니스 모델을 가진 회사로 시작하려면 어떤 방법을 택하
면 좋을까요?

● 학사관리인 ●

e-교실을 회사로 하자면 이익을 내야 하기 때문에 이를 위해 아래의
두 가지를 생각했습니다. 어느 길을 선택하든 코스가 꽤 달라질 것입
니다.

❶ 교실에 참가하는 모두가 공부한 것이나 생각한 것을 책으로 만들어
  돈을 번다.
❷ 교실에 참가해서 공부하는 것을 유료로 한다.

❶의 경우는 참가하고 있는 모두가 사원이 되게 됩니다. 그렇게 되면
참가방법에 따라 이득을 분배합니다.
❷의 경우는 선생님만 사원이고 참가하고 있는 모두는 손님이 됩니다.
이것은 꼭 피하고 싶습니다. 선생을 하는 것이 고단해지기 때문입니
다(ˇˇ;)
그런데 e-교실을 회사로 하는 데는 커다란 과제가 있습니다. 그것은
장부 쓰는 것을 좋아할 것 같은 사람이 한 사람도 없다는 것입니다.

기업은 존속을 위해 이익을 올려야 하니 무엇을 상품으로 팔지가 문제입니다. 또 만들거나 팔기 위해 경비(코스트)를 가능한 한 절약해 경영하지 않으면 이익이 줄거나 없어져 버립니다. 선생님들에게도 월급을 지불해야 하고 자금을 어떻게 조달할지도 생각해야 하며, 주식회사로 하려면 주주총회도 열어야 하고요. 생각만으로도 엄청납니다.

그뿐만 아니라 학사관리인 씨가 말했듯이 기업은 장부를 쓸 필요가 있습니다. 특히 주식회사는 복식부기에 따른 대차대조표와 손익계산서 2개를 만들어 공표할 의무가 있습니다.

대차대조표는 기업의 재무상황을 나타내는 장부입니다. 좌측을 차변이라고 하며 기업의 자산을 써넣고 우측을 대변이라 부르며 자본과 부채를 기입합니다. 대변과 차변은 늘 같은 금액이 되도록 돼 있기 때문에 이를 통해 이익이나 손익을 계산할 수 있습니다. 다른 말로는 밸런스 시트라고도 말합니다.

손익계산서는 대차대조표와 병행한 재무상황을 나타내는 장부입니다. 일정 기간 수입과 비용을 써서 그 차액으로 이익 혹은 손익을 계산합니다.

덧붙여 말하면 복식부기의 부기라는 말은 'book-keeping' 의 번역어입니다. 이것을 번역한 사람은 누구일까요? 정답은 후쿠자와 유키치福沢諭吉[20]입니다. '북 키핑' 을 '부기' 로 부르다니 꽤 센스(?) 있는 번역이네요.

## 기업과 노동

모모네도 말했지만, 가게나 회사가 성장하려면 사람을 고용할 필요가 있습니다. 기업은 사장님만 일해서 되는 게 아니라서 고용된 사람도 중요한 구성요소가 됩니다. 통상 회사원을 경제에서는 '노동자'라고 합니다. e-교실을 회사로 치면 '사원'도 노동자가 됩니다.

어떤 사람을 얼마에 고용할지는 계약의 자유 원칙에 따라 경영자와 노동자가 교섭해 결정합니다. 교섭이라고 하지만, 취직활동을 하는 것이 이에 해당합니다. 경제에서는 이를 노동시장에서의 노동매매라고 합니다.

고용된 노동자에게는 권리가 부여됩니다. 예를 들면 노동조건의 최저조건이 '노동기준법'에 정해져 있습니다. 노동조합을 만들어 사용자 측과 교섭할 권리도 부여받습니다. 교섭이 잘 진행되지 않을 때에는 파업 등의 쟁의행위를 하는 것도 인정됩니다.

현재 일본 노동시장에서는 경기가 나쁜 탓도 있어 좀체 취직을 못하는 젊은이들이 늘고 있습니다. 또 일하고 있는 사람도 정리해고라 해서 잘리는 경우가 적잖습니다. 더욱 심각한 것은 과로사나 자살자

---

20 일본의 계몽가이자 교육가로 에도(현재 도쿄)에 네덜란드 어학교인 난학숙(蘭學塾)을 열었으며 실학과 부국강병을 강조해 자본주의 발달의 사상적 근거를 마련한 인물입니다. 1868년 학숙을 게이오대학(慶應義塾)으로 개칭했는데 지금도 일본의 대표적인 명문사립대학 중 하나로 유명합니다. 메이지유신(明治維新) 이후 신정부의 초빙을 사양하고 교육과 언론활동에 전념하기도 했습니다.

까지 나오는 것입니다. 또 '프리터[21]'로 불리는 불안정한 고용에 처한 젊은이, '니트[22]'라고 해서 학교에도 가지 않고 일도 않으며 직업 훈련도 받지 않는 젊은이가 늘고 있습니다.

기업으로서는 능력 있는 노동자를 고용하는 게 기업의 존속을 좌우하기에 사람을 뽑는 것이 사실상 진검승부죠. 학사관리인 씨가 걱정한 것처럼 장부 쓸 사람이 없는 경우는 해당 사람을 새로 고용하든지 혹은 지금 있는 사원을 교육해 장부 쓰는 법을 배우도록 합니다. 그래서 앞으로 기업에 취직하려고 하는 젊은이는 자신의 능력을 높이고 비싸게 팔릴 수 있도록 할 필요가 있고, 현재 기업에 근무하는 사람은 시대에 뒤떨어지지 않도록 자신의 능력을 높일 필요가 있습니다.

고용되는 게 싫어서 스스로 일을 시작하고 싶은 젊은이는 지금까지 배운 여러 가지 회사 만드는 방법을 마스터해 스스로 하고 싶은 일을 만들어 내는 것이 필요합니다. 슘페터라는 경제학자는 새로운 생산방법이나 제품을 끊임없이 시장에 제공하는 창조적인 기업가가

---

21 자유(free)와 아르바이터(arbeiter)를 합한 말로 일본에서 1987년에 처음 사용됐습니다. 15~34세의 남녀 중 아르바이트나 파트타임으로 생활을 유지하는 경우입니다. 취업난 등의 이유로 정규직이 되지 못한 채 2~3개의 아르바이트로 생활하는 경우가 대표적입니다. 일부지만, 자발적인 프리터도 보고되고 있습니다.

22 Not in Education, Employment or Training의 줄임말입니다. 보통 15~34세 사이의 취업인구 가운데 미혼으로 학교에 다니지 않으면서 가사일도 하지 않는 사람을 가리킵니다. 취업의욕이 없기에, 일할 의지는 있지만 일자리를 구하지 못하는 실업자나 아르바이트로 생활하는 프리터와는 구분됩니다.

130

등장하는 것에 의해 경제가 발전한다고 했습니다. 이런 의미에서는 새롭게 기업을 일으키는 사람 창업자가 어느 정도 배출되는지가 국가의 앞날을 정하게 될 것 같군요.

●K●

아버지에게 일을 즐겁게 하는 요령을 인터뷰해 봤습니다. '그것은 자신이 발견하지 않으면 안 되지' 라고 말하십니다. 어머니는 '역시 함께 일하는 사람이 존경할 수 있는 사람이라면 즐겁지' 라고 하시네요.

K 군이 부모님과 대화한 것처럼 자신의 가능성을 발견하면서 인간적으로 살 수 있는 사회를 만드는 것이 여러분에게 부과된 과제인 것입니다.

# 기업, 자기자본, 타인자본, 자본, 주식회사, 창업, 주주, 경영자, 소유와 경영의 분리, 노동자, 프리터, 니트

## | 정리 | ARRANGE

① 기업을 시작하기 위해 필요한 것은 사람, 물건, 돈 등 3가지입니다.

② 현재 주요기업은 주식회사 형태를 취하고 있습니다. 주식회사는 많은 출자금을 모아 운영되고 있는데, 그 특징은 유한책임이라는 것입니다.

③ 주주의 권리에는 배당을 받는 것, 의결권, 자유롭게 매매하는 것이 있습니다.

④ 노동자에게는 단결권 등의 권리가 있는데, 최근은 프리터나 니트로 불리는 조직에 속하지 않는 젊은이가 많아지고 있습니다.

## | 복습 문제 | REVIEW PROBLEM

1. 다음 문장의 옳고 그름을 판단해 보세요.

(　　) 주식회사는 출자자가 요구한 경우 주식을 환불해 줘야 한다.

(　　) 현재 일본에서는 최저자본금 1엔으로라도 주식회사를 설립할 수 있다.

(　　) 현재 일본 대기업에서는 샐러리맨 출신 경영자가 실질적인 지배자가 되는 경우가 많다.

(　　) 노동자에는 노동권이 있으니 국가는 반드시 노동자를 고용해야 한다.

2. 다음 문제를 생각해 보세요.

❶ 만일 당신이 회사를 만든다고 하면 어떤 회사를 만들겠습니까? 이때 어떤 것을 해결해야 하는지도 생각하면서 기획해 보세요.

❷ 회사를 설립하는 것과 이미 있는 회사에서 일하는 것 중 어느 쪽이 자신에게 맞는 살아가는 방식이라고 생각합니까?

❸ 설립한 회사는 어떤 사명을 갖는지 기업의 사회적 책임이라는 말을 단서로 생각해 보세요.

❹ 당신은 프리터적인 생활방식을 어떻게 평가합니까? 프리터는 국가 책임으로 없애야 한다고 생각합니까?

# 09

# 무인도 탈출 대작전
## 【비교우위】

『로빈슨 크루소』를 비롯해 여러 가지 표류 이야기가 세상에 있습니다. 여기서는 그 표류 이야기에 대해 생각해 봅시다. 자, 이것이 경제와 어떻게 관계돼 있을까요? 우선은 그 문제를 살펴 봅시다.

## 어떻게 하면 살아남을 수 있을까

 네코노미스트

어느 무인도에 이누 쌤과 네코 쌤이 떠내려왔습니다. 어떻게든 살아남아 무사 귀환해야 합니다. 이 섬은 다행히 물고기가 풍부하고 과일도 많습니다. 그래서

두 사람은 생존을 목표로 일하기 시작했습니다.

이누 쌤은 물고기 낚시는 물론 과일 따기도 능숙해 하루 일하면 물고기로 10마리 혹은 과일은 8개나 딸 수 있습니다.

그런데 네코 쌤은 낚시는커녕 과일 따기도 이누 쌤보다 못해 하루에 물고기로는 4마리, 과일도 6개를 따는 게 고작입니다.

이것을 표로 하면 다음과 같습니다.

네코 쌤은 의기소침해졌습니다. '방해만 되는 나는 살아갈 자격이 없다'고 한탄합니다.

자, 여러분은 이 두 사람이 어떻게 하면 제일 윤택하게 생존생활을 할지 알려 주세요. 그리고 살아갈 기력을 잃은 네코 쌤을 격려해 주세요.

이누노미스트 "조금 보충설명을 하겠습니다. 네코 쌤과 저의 결과가
꽤 차이가 나게 됐습니다만, 이것은 어디까지 문제 속 이야기
로 현실은 그렇지 않습니다. 흠흠."

이 문제를 어떻게 생각하면 좋을까요? 힌트는 '두 사람이 협력해
서 제일 윤택한 생존생활을 보내기로 결정한 경우 어떤 식으로 역할
분담을 하면 제일 좋을까요' 입니다.

## 둘이 협력하면 좋다

● 치비마메 ●

이누 쌤이 물고기를 잡고 네코 쌤이 과일 따기를 하면 하루에 합계 16
개의 먹을 것을 구할 수 있습니다. 그래서 사이좋게 서로 나눠 주식은
물고기, 디저트는 과일로 하면 어떨까요?
네코 쌤에게 전합니다. 네코 쌤이 없어 이누 쌤이 하루에 물고기만 잡
으면 이누 쌤은 그날 디저트를 먹을 수가 없습니다. 그 반대도 있을 수
있고요. 그러니 절망 같은 건 하지 마세요.

확실히 치비마메 씨가 말한 것처럼 이누 쌤이 물고기를 10마리 잡
고, 네코 쌤이 과일을 6개 따면 16개를 확보할 수 있죠. 이것으로 일
단 해결된 것 같군요. 그런데 다음 대화를 들어 봐 주세요.

## 쌓아 두면 해결된다!

치비마메 씨가 애써 좋은 어드바이스를 주었는데, 아직 두 사람 모두 불만인 것 같습니다. '도와 달라'고 말하면서 두 사람 다 제멋대로군요. 그러나 또 다른 아이디어가 있습니다.

### ● 토모카 ●

매일 과일과 물고기를 잡는 사람을 바꾸면 돼요. 그러나 그렇게 하면 전체 먹을 것을 12개밖에 못 잡는 날이 나오니 16개 딸 수 있는 날에는 내일 몫을 생각해 조금 쌓아 두는 것은 어떻습니까? 물론 썩지 않도록 건어물로 하거나 집으로 돌아갈 때를 위해 둘이서 한 마리씩 내는 거예요.

토모카 씨가 제안인 내일 몫을 생각해 조금씩 남겨 두는 것은 좋은 방법이네요.

그러나 둘이서 한 마리씩 서로 낸다고 하면 많이 잡는 이누 쌤은 여유롭고 조금밖에 못 잡는 네코 쌤은 생활이 빡빡해져 공동생활이라기보다 부자와 가난뱅이가 되지 않겠습니까? 그러면 우위에 선 이누 쌤은 '내가 말하는 것을 들어'라는 상황이 돼 버릴 것 같군요.



그럼, 이누 쌤과 네코 쌤이 오늘 모은 식재료를 두 사람이 균등히 나누고 남은 것은 좋을 대로 하면 된다고 생각해요. 한 사람만 살아남으려고 생각하는 사람은 마음이 순수하지 않다는 증거예요.


토모카 씨의 어드바이스라면 괜찮을 것 같군요. 그러나 혼자만 살아남으려고 하는 것은 분명 약삭빠른 짓이지만, 살아남기 위해 경우에 따라서는 다른 사람을 짓밟는 일도 왕왕 일어나 버립니다. 그러므로 생존을 위해 당장은 둘이서 먹을 것을 어떻게 확보할지, 그것을 어떻게 분배·적립할지는 꽤 중대한 문제입니다.

토모카 씨는 '두 사람 모두 균등하게 나누라'고 했지만, 2등분이란 꽤 어려운 일입니다. 그러나 이는 다른 곳에서 더 생각해 보기로 하죠.


## 생존과 비교우위

네코 쌤과 이누 쌤이 무리한 역할을 맡아 해 주셨는데, 이 표류 이야

기는 리카르도라는 영국의 경제학자가 설명한 유명한 '비교생산비설'이라는 이론을 바탕으로 했습니다.

리카르도는 『경제학 및 과세의 원리』(초판 1817년)이라는 책에서 '비교우위'의 사고방법에 근거한 이론을 전개하고 있습니다.

비교우위라는 것은 인간 사이의 상대적인 우위성을 말합니다. 여기에서 포인트는 상대적이라는 점입니다. 예로 든 표류기에서는 이누 쌤은 낚시도 과일 채집도 네코 쌤보다 잘했는데, 그래도 어느 쪽인가 하면 낚시가 자신 있습니다. 이 '어느 쪽인가 하면'이라는 점이 비교우위에 해당합니다.

리카르도는 세상에 2개의 물건밖에 없고 2개 나라밖에 없다는 가정에서 이 이론을 설명합니다. 리카르도 모델에서는 두 나라는 영국과 포르투갈, 두 재화는 모직물과 포도주입니다. 단 리카르도의 모델과 이 이야기가 다른 점은 리카르도는 무언가를 만들기 위해 투입한 노동량과 시간이 그것의 가치를 결정한다는 노동가치설에 근거해 모델을 창출한 점입니다. 리카르도의 책에서는 다음과 같이 돼 있습니다.

|  | 모직물 | 포도주 |
| --- | --- | --- |
| 영국 | 100 | 120 |
| 포르투갈 | 90 | 80 |

각각의 숫자는 물건 한 단위를 만드는 데 필요한 시간입니다. 그러

므로 영국에서는 모직물 한 단위를 만드는 데 100시간 노동자가 일
해야 하지만, 같은 질의 모직물을 포르투갈에서는 90시간 일하면 된
다고 봅니다. 그리고 세계에서는 각각 2단위이니까 합계 4단위의 물
건이 나온다는 전제에서 이야기가 전개됩니다.

이때 노동가치설에서는 투입시간이 많으니까 영국의 모직물 가치
가 있다고 하는 것입니다. 그런데 역으로 가치가 있다고 높은 가격
을 매긴다면 '준비, 탕!' 하는 식으로 경쟁할 수밖에 없습니다.

그렇게 읽으면 이 모델에서 영국은 모직물로도 포도주로도 포르
투갈에 지고 맙니다. 우리들의 생존 이야기에서는 이누 쌤이 포르투
갈, 네코 쌤이 영국에 해당합니다.

생존 이야기에서 나오는 숫자는 리카르도와 달리 투입노동시간이
아니라 1일 노동성과인데 그 발상은 같습니다. 그럼, 리카르도모델
에서는 어떻게 될까요?

둘 다 자신이 없는 영국은 비교우위인 모직물을 전문적으로 만들
면 노동시간은 합계 220시간 일할 수 있기에 220÷100=2.2단위의
모직물이 나옵니다.

어느 쪽이든 자신 있는 포르투갈은 비교우위인 포도주를 전문적
으로 만들면 마찬가지로 합계 170시간 일할 수 있는 노동자로 170÷
80=2.125단위의 포도주가 나옵니다.

이처럼 세계 전체로는 지금까지 4단위밖에 안 됐던 것이 무려
4.325단위까지 늘어나게 됩니다. 비교우위인 것을 발견해 그것을 전

문적으로 만들어(이를 '특화'라고 합니다) 2개의 제품을 1:1 교역조건으로 거래하면 세계는 0.325분만큼 더 윤택하게 된다는 것이죠. 어때요? 멋지겠죠. 이것이 비교생산비설의 알맹이입니다.

이때 그만둔 영국의 포도주 만들기, 포르투갈의 모직물 만들기에는 각각 어떤 특징이 있었을까요. 그것은 양쪽 다 1단위 만드는 데 코스트가 높다는 것입니다. 다시 말해 코스트가 높은 것을 버리면 된다는 것입니다. 거꾸로 코스트가 낮은 것에 특화하면 됩니다.

이것 어딘가에서 배운 기억이 있지 않습니까? 무엇인가를 선택하려면 무엇인가 버려야 한다는 것 말입니다. 그렇죠. 2장에서 배운 '기회비용'의 사고방식이죠. 기회비용이라는 말을 사용해 다시 쓰면 기회비용(경제적인 코스트)이 가장 적은 것을 생산하는 데 특화하면 되는 것입니다.

그러면 이 이론에 근거해 모두가 비교우위인 것을 발견해 '분업' 하고 '특화'해 '자발적 교환'을 하면 서로가 해피하게 되는 것일까요?

## 교환은 모든 사람을 행복하게 하는가?

그런데 이게 호락호락 마음대로 되지 않습니다.

예를 들면 일본과 미국은 농업(예를 들면 쌀)도 공업(예를 들면 자동차)도 하고 있죠. 비교생산비설에 따르면 자신 있는 것을 전문적으로 만들어 교환하는 것이 해피하다는 것을 의미합니다.

이 가설에 따라 일본은 효율이 나쁜 쌀 생산 같은 농업을 관두고 오로지 공업에 전력을 다해 자동차를 만들고, 미국은 상대적으로 능률이 나쁜 공업을 그만두고 농업에 전력해 그것을 교환하면 일본도 미국도 해피하게 될 것인가 하는 것입니다. 확실히 전체로는 풍요롭게 될지 모르지만, 당신의 일은 비교우위가 없으니까 그만두라고 한다고 해서 그리 간단히 납득될까요?

또 단일경작으로 번역되는 모노컬처Monoculture의 경제구조는 비교우위의 사고방식에 근거하고 있습니다만, 그것이 행복한 것일까요?

● 미오비어 ●

학교에서 비디오를 봤습니다. 아프리카 최빈국 중 한 나라는 모노컬처에 의존하고 있었습니다. 그 나라는 독립하자마자 생산물 가격이 폭락해서 빚더미 지옥이라고 합니다. 선진국이 개발도상국의 장래를 생각해 반드시 협력할 의도가 있는 것은 아니지만, 무노컬처는 역시 강한 나라의 강압이 아닌가 생각합니다.


미오비어 씨는 비교우위로 모노컬처를 강요받고, 과거 유산을 뛰어넘을 수 없는 현실을 통해 비교우위의 사고방식은 강자의 논리라고 합니다. 분명 그런 현실도 있죠. 그러나 어떻게 해서 비교우위의 사고방식이 계속 유지되는 것일까요?

자신 있는 것을 전문적으로 만드는 편이 효율적이라는 것은 소비자 관점에서 본 사고방식이죠. 노동자 측에서 본다면 그것은 꼭 행복이라고 보지는 않습니다.

일하는 것이나 물건을 만들어 내는 기쁨을 잃고, 자신 있는 것만 만들라고 한다면 우리들은 단지 생산하는 로봇이 돼 버리는 것입니다.

직업을 선택할 자유가 있다는 점도 중요하다고 봅니다. 일본이 자동차만 계속 만들어 내면 생산성이 오르고 부유한 나라가 될 수 있을지도 모르지만, 개별국민 모두는 불행하게 될 것 같습니다. 즉 다소 효율은 나쁘더라도 모두가 즐겁게 일하는 것이 제일 행복한 상황이 아닐까요?


아바라 씨도 비교우위의 사고방식은 효율 중심의 사고방식으로 모든 사람을 행복하게 하는 것은 아니라는 의문을 갖고 있는 것 같습니다.

그런데 두 분 쌤의 표류기에 나왔던 것처럼 양쪽 모두 이누 쌤에게 지는 네코 쌤도 비교우위를 갖는 과일 채집을 특화해 그 성과를 교환하면 혼자 하는 것보다 또는 둘이서 같은 일을 하는 것보다 확실히 풍요롭게 되는 건 맞습니다. 그렇다는 것은 비교우위 이론이 어떤 약자라도 살아갈 근거가 있다는 걸 의미하기도 합니다.

다시 말해 비교우위의 사고방식은 고정적으로 생각하거나 강요하거나 하면 강자의 이론이 되지만, 그것을 잘 사용해 스스로 자신 있는 것을 발견해 거기서 다음 단계로 발전해 가려고 하면 아주 유효한 이론도 되는 것입니다. 즉 양면성을 가진 이론임에 주의해 비교 우위 이론을 사용하면 무역에서 인생에 이르기까지 응용할 수 있는 여지가 많습니다.

# 비교우위, 분업, 특화, 리카르도, 비교생산비설, 자발적 교환

## | 정리 | ARRANGE

① 서로 상대적으로 자신 있는 것을 발견해 그 전문적인 성과를 조합하면 전부 자신이 하는 것보다 성과가 증가합니다.

② 상대적으로 자신 있는 것을 비교우위라고 하며 이는 자유무역의 원리가 되는 사고방식입니다.

③ 비교우위의 사고방식은 어떤 인간이나 국가에도 자신 있는 게 있으며, 이를 특·장점으로 발휘하면 잘 살 수 있다는 개념입니다.

④ 비교우위는 전체적인 이익은 향상되지만, 일부에서는 일을 그만두는 등의 희생을 지불할 필요가 있는 사고방식입니다.

## | 복습 문제 | REVIEW PROBLEM

1. 다음 문장의 옳고 그름을 판단해 보세요.

(　　) 낚시도 과일 채집도 이누 쌤에게 뒤떨어지는 네코 쌤에게도 비교우위는 있다.

(　　) 기회비용이 낮은 생산물을 갖는 생산자는 비교우위를 갖고 있다.

(　　) 비교우위의 사고방식은 모든 사람을 행복하게 한다.

(　　) 비교우위의 사고방식은 경제 내부에서만의 이야기로 인간 삶의 방식에 힌트가 되지는 않는다.

2. **다음 문제를 생각해 보세요.**

❶ 이누 쌤과 네코 쌤의 생존과 비슷한 구조를 갖는 이야기에는 그 밖에 어떤 사례가 있을지 가능한 한 많이 들어 보세요.

❷ 리카르도의 모델에서는 모직물과 포도주가 1:1의 무역조건에서 교환됐지만, 비교우위의 메리트를 살리기 위해서는 무역조건이 어떤 범위까지 확장될지 생각해 보세요.

❸ 무역마찰의 사례를 한 가지 들고 그것을 해결하기 위해 어떻게 하면 좋을지 비교우위의 사고를 써서 생각해 보세요.

❹ 제너럴리스트의 생활방식이 좋은지 혹은 스페셜리스트의 생활방식이 좋은지 비교우위의 사고방식을 참고로 생각해 보세요.

# 10

# 케이크 나누는 법·만드는 법
## 【자원배분·자원분배】

무인도에서 서로 협력·생존해 어떻게든 탈출한 네코 쌤과 이누 쌤. 무사히 귀환해 학생들이 케이크를 선물해 줬습니다. 아주 맛있어 보이는 케이크입니다. 그러나 한 개밖에 선물하지 않아서 이번에는 하나의 케이크를 둘러싸고 서로 노려보고 있습니다. 참으로 진저리 나는 두 사람이군요. 그래서 이런 문제를 생각해 보기로 했습니다.

**하나의 케이크를 어떻게 나눌까?**

네코 쌤, 이누 쌤과 하나의 케이크를 둘러싸고 어떻게 나누면 좋을지 한창 생각하는 중입니다. 여기서는 모든 사람이 다음과 같은 문제에 도전해 봅시다.

🐱 네코노미스트 ▨▨▨▨▨▨▨▨▨

❶ 하나의 케이크를 나누는 데는 어떤 방법이 있을까요? 가능한 한 많이(가능하면 5개 정도) 생각해 보세요.

❷ 네코 쌤과 이누 쌤 두 사람 모두 만족하도록 공평하게 나누려면 어떻게 하는 것이 좋을까요? 가르쳐 주세요.

🐶 이누노미스트 ▨▨▨▨▨▨▨▨▨

"또 네코 쌤과 저의 등장인가요. 여기서의 질문은 표현을 달리하면 케이크의 받을 몫, 차지할 몫을 정하는 데 어떤 방법으로 하면 좋을지 하는 것입니다. 여러 가지 방법이 있을 것이니 생각해 봐 주세요."

두 사람의 아이디어가 있었습니다.

● 도라 ●

1. '나누는 방법'에 대해

❶ 적당하게 잘라 가위바위보 한다.

❷ 가위바위보에서 이긴 쪽이 반을 자르고, 진 사람이 먼저 가져간다. 덧붙여 말하면 진 쪽이 잘라도 된다.

❸ 서로 이야기해 둘이서 반씩 내 똑같은 케이크를 사서 각자 하나
씩 먹는다.

❹ 케이크 한 개분의 돈을 한편이 상대에게 주고 돈을 낸 사람이 먹
는다.

❺ 제3자가 갈라서 주고 가위바위보를 한다. 나머지는 똑같이 한다.


2. '공평하게 나누는 방법' 에 관해

1의 ❷번의 방법. 이거라면 자른 쪽은 자기가 반으로 나눠서 불평
할 수 없다. 가져간 쪽은 좋을 대로 골랐기 때문에 불평할 수 없다.


● 아톰 ●

가위바위보보다 네코 쌤과 이누 쌤이 팔씨름이나 그런 걸로 강한 쪽
이 가져가는 방법도 있지 않을까요? 하나 더 제안하면 그 케이크를 누
군가에게 팔아 그 돈으로 따로 다른 2개의 케이크를 사도 좋겠네요.
그렇습니다. 선물 케이크가 도착했을 때 먼저 받은 사람이 먼저 먹어
버리는 경우도 있겠네요.


도라 씨나 아톰 군은 나누는 방법을 많이 생각해 줬네요. '공평'
하게 나누는 방법으로는 도라 씨의 '이긴 쪽이 먼저 나누고 진 쪽이
먼저 갖는다' 는 것이 더없이 공평하게 둘로 나누는 방법일 것 같습
니다.

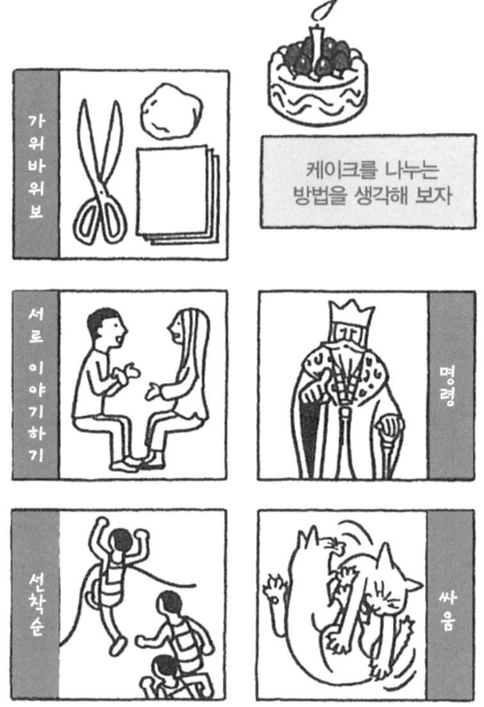


## 나누는 방법의 배후

왜 이런 문제를 생각해 보게 한 것일까요?

그것은 희소한 자원의 '배분'이나 성과의 '배분' 방법이 사회구조를 만들어 가기 때문입니다. 배분이라든가 분배라든가 하는 것은 같은 말인데, 배분은 자원을 어떤 용도로 이용해 가는지의 문제이고,

분배는 생산성과나 초기자원을 누가 얼마만큼 소지하는가의 문제입니다.

그래서 케이크 나누는 방법은 자원분배 문제이고, 케이크 만드는 방법은 재료를 어떻게 나누면서 케이크로 할 것인가 하는 자원배분 문제인 것입니다. 케이크 하나라도 이런 경제적 근본 문제가 그 배후에 있는 것이죠.

자, 나누는 방법이 나오지 않은 것을 포함해 다음과 같이 정리할 수 있을 것 같습니다.


❶ 먼저 한 사람의 승리나 힘으로 나누는 방법

❷ 강한 인간이나 기관의 명령에 따라 나누는 방법

❸ 서로 이야기하거나 거래에 의해 나누는 방법

❹ 이외의 기타 방법으로 나누는 방법


위 ❶~❹를 사회 전체로 확대할 때 당신이라면 어떤 방법의 사회가 좋다고 생각합니까?

네? 그것은 당연히 ❸번으로 정해져 있는 거라고 바로 말하지 말아 주세요. 각 방법의 사회가 존재하기 때문입니다. 그것이 어떤 사회였을지 상상해 보면서 플러스와 마이너스를 들면 어떻게 될까요?

● 도라 ●

❶ 요령이 좋거나 힘이 센 사람에게는 문제가 없지만, 요령이 나쁘거나 힘이 약한 사람에게는 악몽 같은 세상.

❷ 천황이나 국왕 같은 사람의 지시와 명령이 전부니까 지도자가 하는 것이 맞으면 좋은데 틀렸다면 수정할 수 없는 게 큰일이다.

❸ 지금 일본이 취하고 있는 의회제 같은 것. 모두의 의견에 의한 채택이 많으니까 틀린 쪽으로 가지 않고 끝난다.

❹ 각개로 물고기를 잡거나 사냥을 해서 살아가는 방법이 있다. 각자 필요에 따라 분배한다. 자유분방하게 살 수 있으나 무슨 일이 있을 때 속수무책이다.

도라 씨는 네 가지 분류에 따라 제대로 생각해 줬네요.

## 어떻게 나누는 방법의 사회가 좋을까?

● 필즈 ●

경제라는 것은 인간은 '최대한 물건을 모으고 최대한 돈을 모으고 최대한 남에게는 주지 않는 존재' 라는 가정에서 출발하는 것 같습니다. 그 경제의 가정, 그 자체가 병들어 있는 것이 아닐까요?

모두 희소한 것이면 희소하기 때문에 갖고 싶어 하고 모읍니다. 몸은 하나밖에 없는데 말이죠. 만일 모두 자신에게 필요한 것만을 갖고 싶

어 하게 된다면 자연히 도라 씨가 말한 ❹의 사회가 되지 않을까요?
그런 건 무리인가요?

도라 씨가 말한 ❹의 세계나 필즈 씨의 '자기가 필요한 것만 갖고
싶어 하는' 사회는 유토피아일지 모릅니다. 우리들이 잃어버린 생활
방식입니다. 이런 생활방식이 가능하다면 좋을지 모르겠으나 인간
은 풍요로워지고 싶어서 최대한 합리적으로 자원을 배분하는 쪽으
로 노력한 결과 여기까지 발전했다고도 할 수 있습니다. 경제를 생
각하는 이상 합리적인 개인인 '경제인'을 가정하는 것은 잘못된 게
아니겠죠. 물론 이론상 제안하는 인간상이므로 현실 속의 인간은 필
즈 씨가 말한 자기 잇속만 생각하는 사람은 아니지만요.


**빠른 놈이 장땡이거나 명령으로는 움직이지 않는다!**

다음으로 인간에게 있어 어떤 방법으로 케이크를 만드는 사회가 바
람직한가에 대해 생각해 봅시다. 확인하겠습니다만, 이것은 자원배
분의 문제입니다.

우선 ❶의 '빠른 게 이기거나 무력'인 사회는 현대에서는 무리일
것이기에 제외하고 생각합니다. 원래 법률세계에서는 '선점의 법리'
라고 해서 빨리 한 사람의 승리를 인정하고 있습니다. 영토가 그렇
고 특허 등도 그렇습니다. 그러나 이것을 사회 전체로 확장하면 이

것이야말로 약육강식의 사회가 돼 버리는 것이죠.

그럼, ❷의 '강한 인간이나 기관의 지시와 명령'은 어떨까요? 도라 씨는 개인이 지시와 명령을 내리는 사회를 상상했는데, 현실에는 구소련 등 사회주의 국가의 계획경제국이 그것을 했었습니다. 이렇게 케이크를 만드는 방법을 '지령경제'라고 부릅니다.

구소련에서는 고스플랜Gosplan이라는 국가계획위원회가 경제계획을 입안하고, 개별공장에 지령을 내려 생산물을 만드는 방식을 취하고 있었습니다. 이 방식이라면 원칙적으로 가장 효율적인 배분이 가능하고 공평한 분배를 할 수 있는 가능성이 나옵니다. 왜냐하면 누가 얼마만큼 필요한지를 미리 정해 생산하기 때문입니다.

그런데 이것은 잘되지 않았습니다. 왜냐하면 우선 정말로 케이크가 만들어지는지 어떤지를 모릅니다. 노르마(달성목표)라는 형태로 지령을 하는 것이므로 노르마가 달성되지 않으면 소비자에게까지 물건이 오지 않기 때문입니다. 케이크 하나를 만드는 것만 생각해도 밀가루, 계란, 우유, 설탕 등의 원재료 조달이나 제조를 모두 지령할 경우 막대한 지령내용이 필요하기 때문입니다. 만일 한 곳이라도 지령을 지키지 못하거나 멈춰 서 버리면 아무리 다른 재료가 갖춰져 있어도 케이크를 만들 수 없습니다. 사람이 살아가기 위해서는 많은 것이 필요합니다. 그것을 전부 인간이 지령하는 것은 아무리 컴퓨터가 발단한 현재라도 불가능한 일입니다.

또 하나는 질을 보증하지 않기 때문입니다. 맛있는 케이크라면 다

튀 가며 가지려 하겠지만, 맛없는 것은 누구나 싫어하겠죠. 그래서 갖고 싶은 것은 부족하고 소비자에게 외면받는 조악한 것들만 많아지게 됩니다. 결국 지령경제의 구소련은 생산능률의 저하, 질의 저하 등 많은 문제를 안고 붕괴했습니다.

## 시장에 의해 만드는 방법

❸의 '의논이나 거래' 의 전형은 '시장사회' 입니다.

시장사회는 모두가 자유로이 물건을 만들고 그것을 교환하는 '시장경제' 를 베이스로 한 거래사회입니다. 지령사회와 달리 아무도 지령하는 사람은 없습니다.

그러나 필요한 어떤 것은 손에 넣습니다. 시장에는 누구도 지령하지는 않지만, 자기 이익을 추구하면 삐걱거리기는 해도 필요한 것이 손에 들어오는 어떤 힘이 있기 때문입니다. 영국 경제학자 아담 스미스는 이것을 신의 '보이지 않는 손' 이라 했습니다.

시장사회는 교섭사회입니다. 그 교섭은 기본적으로 돈으로 해결하는 방법입니다. 거래의 전제를 케이크 이야기로 돌리면 그 케이크가 누구 것인가, 요컨대 소유권이 확실히 정해지지 않으면 안 됩니다. 처음 문제에서는 두 사람의 선물이었으니까 두 사람의 공동소유라는 점에서 서로 대립이 생긴 것입니다.

하지만 이것이 네코 쌤에게 한 선물이었다면 네코 쌤은 이누 쌤에게 나눠 주지 않아도 됩니다. 이런 무자비한 짓을 네코 쌤은 하지 않 겠지만요. 이처럼 소유권이 확정돼 있으면 먹을지 팔지는 기본적으 로 소유자의 자유입니다.

마찬가지로 사회에 있는 희소자원은 우선 누구의 것인지 확정해 서 그것을 시장경매에 올려 가격을 결정하고 그 가격을 신호(시그널) 로 살지 말지를 결정해 행동한다는 것이 이미 배운 시장의 원리구조 입니다.

이 시장경제 방법은 자원배분 능률면에서는 매우 뛰어난 것이지 만, 분배의 평등을 보증하는 것은 아닙니다. 요컨대 돈이 없으면 눈 앞에 아무리 맛있어 보이는 케이크가 있어도 살 수 없고 먹을 수 없 는 게 또 시장사회입니다. 아주 냉엄하죠. 그래서 아무리 효율적이 라도 시장경제 사회는 그것만으로는 잘 굴러가지 않는 법입니다. 그 러나 시장경제를 부정하고 지령스타일을 추구했던 구소련의 운명을 보면 알 수 있듯 그것도 잘 운영되지 않습니다. 그럼, 어떻게 할까 요?

## 케이크를 공평히 나누는 방법

모두가 평등하게 케이크를 나눌 수 있을지의 자원분배 문제는 실은 2000년 전의 옛날부터 생각해 온 테마입니다.

고대 그리스에 아리스토텔레스라는 철학자가 있었습니다. 그가

관심을 가진 건 '정의'의 문제였습니다. 아리스토텔레스에 의하면 정의에는 2종류가 있는데 하나는 산술적 비례에 근거한 정의라는 것입니다. 이는 형식적인 평등을 정의로 합니다. 다른 하나는 기하학적인 비례에 근거한 정의로, 이는 능력에 따른 평등이 정의라고 봅니다.

산술적 비례에 근거한 정의는 '결과적 평등'의 보증을 추구합니다. 그렇게 되면 사회 전체로는 평등하고자 무리수를 두게 됩니다. 그러나 이는 사회주의 경험에서 봐도 참으로 어려운 것이죠.

그럼, 기하학적인 비례에 근거한 정의를 추구하면 어떻게 될까요? 이 경우 기회평등은 보장되지만, 결과적 평등을 보장하지는 않습니다. 다시 말해 기회는 평등하게 주어지지만, 결과에 대해서는 '당신들의 책임'이라는 기반에 서게 됩니다. 시장경제의 분배방법은 이 '기회평등'에 근거하고 있습니다.

평등 문제는 동양에서도 생각돼 왔습니다. 공자는 『논어』에서 '적음을 걱정하지 말고, 똑같지 않을 수밖에 없음을 걱정해라'라는 말을 남깁니다. 분배의 정의에 역시 관심이 많았다는 의미네요.

자, 이 문제가 현대에서는 어떻게 됐을까요?


● **모모네** ●

우리 집은 우선 제일 먼저 어린이가 좋아하는 것을 고릅니다. 그런 뒤 할아버지가 나섭니다. 나중에는 밥을 먼저 다 먹은 순서에 따라 케이

크를 나눕니다. 어린이를 먼저 챙기는 것은 우리 집 가풍이라고 할아
버지가 말씀하십니다.


모모네 집에서는 가풍이라고 하는데, 가풍처럼 옛날부터 전통이
나 습관에 의해 자원을 나눠 가는 사회를 '전통사회'라고 합니다. 전
통사회는 어딘지 오래된 듯 느껴지는 이미지인데 현대에서도 역시
주목되고 있습니다. 모모네 집에서 하는 것처럼 어린아이, 약한 사
람부터 우선적으로 나누는 것이 정의라고 주장하는 사상가가 있습
니다.

미국의 철학자 존 롤즈는 정의란 '가장 혜택 받지 못한 사람에게
가장 큰 이익을 얻을 수 있게 하는 것'이라고 말했습니다. 모모네의
룰에 가깝다는 생각이 들지 않습니까? 물론 롤즈의 사고방식에는 그
렇게 하면 어른은 어떻게 되고, 정말 필요한 사람부터 우선하는 게
옳지 않은지 등의 여러 비판도 가능할 수 있어 큰 논쟁이 붙기도 했
죠. 롤즈의 사고방법은 차별당하거나 약한 입장에 놓인 사람에게 이
떻게 부(케이크)를 나눠 주는가 하는 문제로 최근에는 복지이슈로도
연결되고 있다는 점을 알아 두세요.

# 분배, 배분, 경제인, 지령경제, 시장경제, 공평, 기회의 평등, 결과의 평등

## | 정리 | ARRANGE

① 경제에서는 여러 가지 방법으로 사람들에게 경제적인 자원을 분배할 필요가 있습니다.

② 배분방법으로 사회를 구분하면 전통경제, 지령경제, 시장경제 3가지로 나눠집니다.

③ 전통경제와 지령경제는 현대의 거대해진 경제와 맞지 않게 돼 있습니다. 현재 대부분의 지역에서 취하고 있는 것은 시장경제에 의한 자원배분 방법입니다.

④ 자원분배는 가능한 한 공평하게, 자원배분은 가능한 한 효율적으로 할 필요가 있습니다만, 효율과 공평은 양립하기 어려운 상충관계에 있습니다.

## | 복습 문제 | REVIEW PROBLEM

1. 다음 문장의 옳고 그름을 판단해 보세요.

(　　) 케이크 나누는 방법은 자원배분 문제와 관련이 깊다.

(　　) 케이크를 둘이서 공평하게 나누는 데는 나누는 사람과 먼저 집는 사람을 나누면 좋다고 한다.

(　　) 자원배분에서 사회를 분류하면 전통경제, 지령경제, 시장경제의 3가지로 나눠진다.

(　　) 시장경제에서는 자원배분의 효율성과 분배의 공평성이 양립하기 어려운 문제로 거론된다.

2. 다음 문제를 생각해 보세요.

❶ 케이크를 셋이서 나눌 때 가능한 한 공평하게 나누려면 어떻게 하면 좋은지 생각해 보세요.

❷ 왜 지령경제는 막다르게 됐을까 정리해 보세요.

❸ 시장경제하에서 효율과 공평을 양립시키는 데는 어떻게 하면 좋을지 생각해 보세요.

❹ 당신은 결과의 평등을 추구합니까? 그렇지 않으면 기회의 평등을 추구합니까? 사회복지 본연의 모습을 사례로 들며 생각을 정리해 보세요.

# 11

# 외환시장의 풍운아 등장
## 【환율】

모모네로부터 다음과 같은 투고가 있었습니다.

● 모모네 ●

저는 어렸을 적 뉴스에서 '오늘 환율과 주식동향을 전하겠습니다' 라는 코멘트를 듣고 주식(일본어로 카부)은 먹는 카부(순무)인 줄 알았습니다. 환율(일본어로 카와세)은 카와세(일본인의 성씨 중 하나)인 줄 알았습니다.

확실히 주식이나 환율이라는 말은 매일 듣지만, 그 내용을 이해하

환율 딜링룸(미즈호은행)

기란 어렵죠. 교실에서 무역이론을 배우지만, 한계도 많죠. 실제 외국과 거래하면 일본통화와 외국통화를 교환해야 하고 해외여행을 나갈 때도 환전을 해야 합니다. 그래서 이번에는 환율에 대해 여러분과 공부해 보기로 했습니다.

### 1개월 후의 환율시세는?

이번에는 '환율시장'을 통해 국제경제에 대해 생각해 보겠습니다. 지금 1달러 118엔인데 이번 달 말 엔 · 달러 환율이 얼마가 될지 예측해 봅시다. 제대로 맞추면 환율시장의 풍운아가 될지도 모릅니다.

이와 함께 예상 이유도 써 보세요.

갑자기 '환율'을 예상하라니 불평소리도 들려옵니다. 분명 어림

짐작밖에 안 될 테니까 퀴즈를 통해 공부해 갑시다.


## 환율시장은 어디에?

 **이누노미스트**

환율 기본퀴즈입니다. 우선 시작은 5문제입니다. O일까? ×일까?

❶ 1달러 100엔이 1달러 120엔이 됐습니다. 이것은 엔고다.

❷ 외국환은 증권거래소 같은 도쿄외국환율거래소가 있다.

❸ 도쿄 외환시장은 오전 9시에 열고, 오후 5시에 닫는다.

❹ 환거래라고 하는 것은 달러와 엔을 직접 교환하는 것과 같다.

❺ 외환시장도 야채나 주식과 마찬가지로 달러나 엔에 대한 수요와 공급에 의

해 움직인다.


**페리돗트** "열심히 풀어 봤습니다. ❸과 ❹가 좀 헷갈리네요. ❶×

❷○ ❸○ ❹× ❺○"

**와코wako** "꽤 어려운데요. 다 잊어버려서 전혀 모르겠네요. ❶×

❷× ❸○ ❹× ❺○"


자, 이제부터 문제해설에 들어갑니다.

❶ 1달러 100엔이 1달러 120엔이 됐습니다. 이것은 엔고다.

정답은 ×.

엔의 숫자가 커지기 때문에 엔고로 보이지만, 이것은 달러를 기준으로 표시하니까 그렇게 보이는 것뿐입니다. 환율은 2가지 통화의 교환비율이니까 어느 쪽이 기준이라도 상관없는데 강한 통화를 기준으로 하도록 돼 있습니다.

이렇게 생각해도 좋겠네요. '1달러 = 100엔'이라는 것은 엔을 중심으로 표시하면 1÷100이고 '1엔 = 0.01달러'가 됩니다. 이것이 '1달러 = 120엔'이 된다는 것은 1÷120으로 '1엔 = 0.0083달러'로 변화하는 것입니다.

즉 이제까지 100엔 가져가면 1달러만큼 살 수 있었는데, 이제는 83센트만큼의 물건밖에 살 수 없게 됩니다. 이것으로 알겠죠? 엔저가 돼 버리는 것입니다.

이를 달러 중심으로 생각하면 달러강세가 됩니다. 엔저 때는 반드시 달러강세가 됩니다. 엔고일 때는 달러약세, 그래서 1엔이 얼마인지 100엔으로 얼마의 달러와 교환할 수 있는지 일일이 생각해 보지 않더라도 달러를 보는 것만으로도 알 수 있습니다.


❷ 외국환은 증권거래소 같은 도쿄외국환율거래소가 있다.

❸ 도쿄 외환시장은 오전 9시에 열고 오후 5시에 닫는다.

이것은 두 가지 모두 같이 해설하는 편이 낫겠네요. 답은 양쪽 다 ×입니다.

'외국환'은 증권거래소 같은 거래소가 없습니다. 기본적으로는

전화회선을 통한 네트워크가 있을 뿐입니다. 자주 거래하는 '장소'
의 영상이 나오는데, 그것은 단자회사(손님 주문을 듣고 매매를 이어 주
는 브로커 업무를 하는 회사)의 교환(딜링)룸을 비춰 주는 것입니다. 페리
돗트씨는 그것을 시장으로 생각한 것 같군요.

브로커란 고객 주문을 받아 매매하는 사람입니다. 환거래는 그 영
상 이외에 보이지 않는 전화회선을 통해 여러 사람과 회사가 동시에
하고 있습니다. 그쪽이 압도적으로 많습니다. 그래서 기본적으로는
언제나 거래가 가능합니다.

도쿄라면 오전 9시에서 오후 5시 정도에 거래가 제일 활발할 뿐
도쿄 단자회사가 닫았다면, 또 도쿄가 잠자고 있다면 거래가 활발하
게 이뤄지는 다른 국가와 장소를 찾아 필요한 통화를 팔거나 살 수
있습니다. 때문에 외국환 거래는 기본적으로 24시간 거래입니다. 그
날 제일 처음 시드니 웰링턴 시장이 열리고, 다음이 도쿄, 홍콩 등의
순서로 이어집니다. 그날의 제일 마지막은 뉴욕이 됩니다. 뉴욕과
도쿄의 시차는 14시간 있으므로 외국환을 다루는 사람은 무척 고단
합니다.


❹ 환거래라고 하는 것은 달러와 엔을 직접 교환하는 것과 같다.
이것은 조금 고민하게 했지만, 답은 ○입니다.
환이라는 것은 현금을 안전하게 원격지와 교환하는 방법입니다.
옛날 사용된 '교환'이라는 표현에서 나온 말입니다. 일본 국내에서

도 환을 써서 송금하죠.

외국통화와의 교환도 국내송금과 같습니다. 단지 외국환어음이라는 수단을 쓰고 있는데, 외국환어음을 발행할 때는 상대통화를 사는 것입니다. 역인 경우는 팔고 있는 것입니다. 그래서 외국환 거래는 달러와 엔, 어느 국가의 통화와 어느 국가의 통화를 직접 교환하는 것과 같게 됩니다.


❺ 외환시장도 야채나 주식과 마찬가지로 달러나 엔에 대한 수요와 공급에 의해 움직인다.

정답은 O.

현재 '변동시장' 하에서는 수요와 공급에서 움직이고 있다는 것을 확실히 알 수 있습니다. 일찍이 '고정시장' 하에서도 실은 수요와 공급으로 움직이고 있었는데, 무리하게 변동되지 않도록 한 것입니다. 그랬던 게 어딘가에서 무리한 움직임이 목격돼 고정시장이 파탄에 빠진 것입니다.

문제는 어떤 때 달러와 엔의 매수 및 매도타이밍이 나타나는지로 요약됩니다. 이 변동요인이 환율 움직임의 제일 근본에 있는 변수입니다. 이는 이미 배운 시장경매와 같습니다. 다시 말해 현재 외국환시장에서는 돈을 야채나 생선 등과 마찬가지로 팔거나 사거나 하는 것입니다.

## 예측은 가지가지

이렇게 설명하는 동안 예측결과가 집계됐습니다.

**와코** "국회에서 임시예산이 통과됐습니다. 예산을 쓸 테니 도산도

약간은 줄지 않을까요? 그래서 117엔으로 봤습니다."

**필즈** "예상을 한다는 것이 이렇게 어려울 줄 몰랐어요. 1달러 =

136엔! 이유는 석유가 비싸지고 있으니까요."

**아바라** "수출이 호조이니까 115엔으로 예상해 봤습니다. 아무래도

엔고가 지속되면 수출산업은 힘들 테니까 말입니다."

예상은 115엔부터 136엔까지 폭넓었습니다. 스타트가 118엔이니
거의 변하지 않는다는 두 사람과 달리 대담하게 엔저를 예상한 필즈
씨로 의견이 나눠진 것 같습니다.

## 환율의 변동요인은?

환율이라는 것은 외국과 거래에서 상대국 돈을 필요로 하게 되니 교
환하되 얼마로 교환할까라는 점에서 시작됐습니다. 그래서 환율변
동의 제일 요인은 경제거래입니다.

외국과의 경제거래를 생각하면 크게 두 가지입니다.

첫째는 '경상수지'로 불리는 무역에 의한 거래입니다. 여기에는 아바라 씨나 필즈 씨가 이유로 든 석유나 제품을 매매하는 것과 여행이나 보험지불처럼 눈에 보이지 않는 상품(서비스)을 매매할 때의 두 가지가 있습니다.

다른 하나는 '자본수지'라고 불리는 외국국채나 증권매매 때 수반되는 돈의 움직임이 있습니다. 이것을 간접투자라고 합니다. 마찬가지로 외국에 공장을 세울 때 달러가 필요하게 되는데, 이때도 돈은 움직입니다. 이것은 직접투자라고 합니다.

이외에 와코 씨가 이유로 든 국내경기도 요인이 될 것 같습니다.

이상을 정리하면

❶ 무역에 따른 돈 필요

❷ 서비스 매매에 따른 돈 필요

❸ 간접투자에 따른 돈 필요

❹ 직접투자에 따른 돈 필요

❺ 기타

의 다섯 가지가 변동요인으로 떠오릅니다.


## 경상수지 흑자면 어떻게 되나?

 네코노미스트

환율 기본퀴즈 제2탄입니다. 테마는 경상수지와 외환시세입니다.

신문에 일본 경상수지가 흑자로 특히 대미무역 흑자가 사상 최고치가 됐다고 합니다. 이때 엔과 달러 시세는 어떻게 될까요? 다음에 든 A~C의 (　　) 중 하나를 선택해 보세요.

일본 경상수지가 흑자라는 것은 무역을 해서 일본에 달러가 쌓여 있는 상태입니다(왜냐하면 수입대금보다 수출대금이 많다는 뜻이니 지불할 엔보다 받을 달러가 많게 됩니다.). 이때 쌓인 달러는 어떻게 할까요? 언젠가는 엔과 교환해야 합니다. 그렇다는 것은 달러를 갖고 있어도 일본 국내에서는 쓸 수 없기 때문입니다. 그리되면 외국환시장에서 달러를 팔고 엔을 사게 됩니다.

이것을 경제언어로 바꾸면 달러를 중심으로 시장에 달러의 A(수요ㆍ공급)이/가 많게 됩니다. 이것은 동시에 엔을 중심으로 하는 시장을 보면 엔에 대한 B(수요ㆍ공급)이/가 증가하게 되는 것입니다. 그렇게 되면 엔 대 달러의 시세는 C(오른다ㆍ내린다)가 됩니다.

**와코** "A는 공급, B는 수요, C는 오른다가 아닐까요?"

정답입니다.

무역흑자가 있으면 그 나라 통화(예를 들면 엔)는 반드시 오릅니다. 왜냐하면 번 만큼 상대국의 통화(예를 들면 달러)가 자신의 나라에 쌓이기 때문입니다. 그 통화(달러)는 언젠가 자신의 통화(엔)로 교환해야 합니다. 그래서 시장에서는 '달러를 팔고 엔을 사기'가 일어나게 됩니다. 팔린 통화는 내려갑니다. 사는 통화는 올라갑니다. 외환시장에서는 이것이 동시에 일어나기 때문에 이 경우 달러약세 및 엔강세가 됩니다.

일본은 계속해서 미국에 대해 무역흑자가 이어지고 있기 때문에 엔고가 됐습니다. 여기에서는 이치와 현실이 일치하고 있습니다. 그런데 이와 반대의 움직임도 시장에서는 일어나고 있습니다. 그것은 퀴즈 3탄에서.

## 자본수지 적자국은?

그럼, 다음 퀴즈를 시작합니다. 일본은 무역에서 큰 이득을 봤습니다. 그 이득 본 돈을 써서 해외에 투자하려고 합니다.

 네코노미스트

퀴즈 제3탄. 일본처럼 해외투자를 하면 국가통화(엔)는 오를까요? ○일까, ×일까요?

힌트: 해외(미국)채권을 사는 데는 어느 통화가 필요할지 생각해 보세요.

● 필즈 ●

투자를 하자면 그 나라의 돈을 사야 하는 것이죠. 미국회사에 투자를 하기 때문에 수중의 엔을 팔아 달러를 삽니다. 엔을 파는 사람이 많으면 엔의 가치는 내려갑니다. 그래서 ×. 글쎄 대외투자 하려는데 엔

정답입니다. 투자에 관한 돈의 출입은 '자본수지' 라고 하는데, 자본수지가 적자인 나라의 통화는 반드시 내려가게 됩니다. 조사해 보면 일본의 자본수지는 적자입니다. 적자라고 당황할 필요는 없습니다. 일본에 투자를 하려고 들어온 돈보다 일본에서 다른 나라에 투자하려고 나간 돈이 많다는 것입니다. 그렇다는 것은 일본에 돈이 없으면 해외투자는 불가능하게 됩니다. 일본은 부자라서 자본수지가 적자가 됩니다.

모든 경제는 메달처럼 겉과 속이 있으니 엔저는 수출이 쉬워지는 등 사람에 따라서는 플러스가 됩니다. 물론 마이너스가 되는 사람도 있습니다.

이전에 무역수지(경상수지)가 흑자라면 엔고가 된다고 퀴즈에서 공부했습니다. 이번엔 자본수지가 적자라면 엔저가 된다는 것이 답입니다. 일본의 경상수지는 흑자, 자본수지는 적자입니다. 엔고와 엔저의 반대 움직임이 동시에 발생하는 것입니다. 다시 말해 경제동향이라고 해도 그 시점에서 경상수지 요인이 강한지 혹은 자본수지 요인이 강한지로 엔고와 엔저 여부를 판단할 수 있습니다. 다만 한쪽만으로는 판단해서는 안 됩니다.

## 햄버거로 환율시세를 안다!

퀴즈 4탄입니다. 자, 그럼, 문제 들어갑니다.

같은 레시피로 만든 햄버거가 일본에서는 250엔이었을 때 미국에서는 2.5달러로 살 수 있습니다. 이때 엔 대 달러 시세가 '1달러 = 120엔'이었다면 엔은 앞으로 오를 것이다. ○일까, ×일까요?

● 아톰 ●

○입니다. 같은 햄버거가 일본에서 250엔인데 미국이라면 300엔. 미국사람은 일본의 싼 햄버거를 원하게 됩니다. 그리되면 일본제 햄버거는 미국으로 그야말로 날개 단 듯 팔립니다. 수출이 증가하면 무역흑자로 엔고가 됩니다.

정답입니다.

일본에서 250엔, 미국에서 2.5달러라는 것은 이 경우 '1달러 = 100엔'의 교환비율이라는 뜻입니다. 그런데 시장에서는 '1달러 = 120엔'이었다면 미국에서는 300엔에 팔 수 있게 되니 미국은 운송비를 생각하지 않으면 싼 일본 햄버거를 수입하는 것이 득입니다. 그래서 날개를 단 듯 팔려 일본수출이 늘어나고 엔고가 됩니다. 따

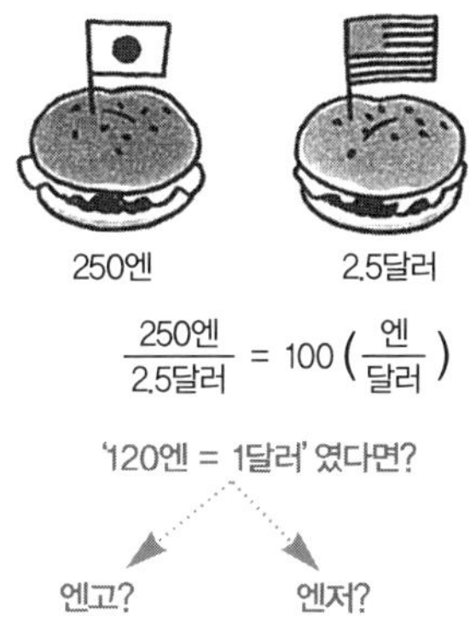


라서 '1달러 = 120엔' 이었던 엔은 앞으로 오를 확률이 높아지는 것
입니다. 단 햄버거의 보존이라든가 운송비 문제가 해결될 필요가 있
습니다.

여기에서는 햄버거만으로 비교를 했는데 일반적으로 어느 나라와
어느 나라의 물가비율을 계산하면 일정 부분 환율시세를 내다볼 수
있습니다. 이렇게 해서 물가, 또는 얼마만큼 물건을 살 수 있는가 하
는 구매력(구매력이라는 것은 물가의 역수입니다)으로 계산한 환율시세
를 '구매력평가' 라고 합니다. 구매력평가설은 물가수준에 주목해 계
산한 환율시세입니다.

햄버거의 예는 영국의 『이코노미스트』라는 잡지가 매년 산출해
왔습니다. 최근 이 잡지는 커피 가격 비교로 환율시세를 산출하고
있습니다.

그럼, 결과는?

한 달이 지났습니다. 월말의 환율은 1달러 115엔이었습니다.


**와코** "드디어 한 달이 지났습니다. 생각보다 움직임이 적었던 것

같습니다."

**필즈** "저는 엔저가 될 거라고 예상했었는데 약간 엔고가 됐습니

다. 이런 가운데 엔을 왜 사는지? 왜냐, 엔이여! 너는 왜 올라

가는 것이냐!?"

**아바라** "당첨! 불황이나 원유가 상승 속에서 일본경제는 꽤 분발하

고 있구나 하는 생각이 듭니다."


확실히 최근 한 달 엔고가 이어지고 있네요.

이는 엔의 실력이 올라 엔고가 된 것이 아니라 달러를 모두 팔아 버린 결과 엔고가 됐을지도 모릅니다. 엔과 달러로 생각하면 달러를 팔면 대신 다른 통화를 살 필요가 있습니다. 그래서 달러를 파는 사람이 늘면 달러약세가 됩니다. 동시에 엔고기 됩니다. 메달의 양면과 같습니다.

때문에 이번에 엔고가 된 것이 엔이 강한 요인인지 그렇지 않으면 교환수단인 달러가 주요 원인인지 두 가지 요인을 동시에 분석해야 하는 것입니다.

## 환율시세는 여러 요인으로 움직인다!

여기까지 환율시세의 변동요인에 관해 세 가지를 배웠습니다.

❶ 경상수지(무역수지)의 동향: 무역흑자국의 통화는 상승한다.

❷ 자본수지의 동향: 자본수지가 적자국인 통화는 내려간다.

❸ 물가동향: 물가가 높은 나라(인플레 경향의 나라)의 통화는 내려
간다.

이것만으로도 어려운데 이외에 다음과 같은 요인이 더 있습니다.

❹ 금리동향: 상대국에 비해 금리가 낮은 나라의 통화는 내려간다.

❺ 경제성장률 동향: 경제성장률이 높은 나라의 통화는 상승한다.

❻ 정치동향: 예를 들면 전쟁이 일어날 때와 정치가가 스캔들로
실각할 것 같은 나라, 정치적으로 불안정한 나라 등의 통화는
대체로 내려간다.

여기에서 '대체로'라고 한 것은 그렇게 되지 않는 경우도 있다는
것입니다. ❶~❺까지는 경제 법칙이고 다른 조건을 가정하면 장기적
으로 높은 확률로 된다는 뜻입니다. 그러나 ❻은 모릅니다.

이 밖에도 요인은 많이 있는데, 이렇게 많은 요인하에 외환시장의
가격은 결정됩니다. 따라서 외환시장의 풍운아가 되는 것은 이들 요
인을 모두 종합적으로 판단하고 그 요인 중 어느 것이 가장 시장변

동에 영향을 미쳤는지를 생각해야 합니다. 이를 통해 1개월 앞 혹은 3개월 앞의 가격을 예상해 선물예약(그때가 되면 결산하겠다는 약속)을 하는 것입니다. 이 정도면 사실 어느 의미에서는 노름 혹은 감각의 세계라 해도 되겠죠?

한편 이런 여러 요인을 이론적으로 종합하려는 학자도 있습니다. 금융공학이 그중 하나입니다. 한편 완전히 감으로 시장을 헤엄치는 딜러도 있는 것 같습니다.

시장이란 매우 재미있는 세계죠. 이런 시장동향 위에 좋든 싫든 우리들의 생활이 놓여 있다는 것을 알아차리는 것만으로도 아주 중요합니다.

# 외국환, 외환시장, 환율시세, 고정환율제, 변동환율제, 국제수지, 경상수지, 자본수지, 구매력평가

## | 정리 | ARRANGE

① 어느 나라와 다른 나라의 통화교환은 외국환을 써서 이뤄집니다. 이때 교환비율을 환율이라고 합니다.

② 일본을 포함 현재 많은 나라의 환율은 외국환시장에서의 수요와 공급에 의해 정해지고 있습니다.

③ 그 나라의 국제수지 동향이 환율의 결정요인인데, 경상수지가 흑자면 그 나라의 환율은 높고 자본수지가 적자면 거꾸로 낮아집니다.

④ 환율은 물가수준, 금리, 경제성장율, 정치 동향 등에 의해서도 좌우됩니다.

## | 복습 문제 | REVIEW PROBLEM

1. 다음 문장의 옳고 그름을 판단해 보세요.

(    ) '1달러 = 100엔' 을 기준으로 그것이 '1달러 = 80엔' 이 됐다면 엔저, 달러강세이다.

(    ) 일본의 무역흑자가 계속되는 것에 주목하면 환율은 상승할 가능성이 높다.

(    ) 급격한 엔고가 경제를 혼란시킨다고 판단할 때는 통화당국은 매도(엔) 시장개입을 하는 경우가 있다.

(    ) 일본이 기준금리를 올린다고 하면 엔고가 될 가능성이 있다.

2. 다음 문제를 생각해 보세요.

❶ 고정환율제가 좋은지 변동환율제가 좋은지 기업 입장에서 검토해 보세요.

❷ 엔고는 일본경제에 손해일까 이득일까 여러 각도에서 검토해 보세요.

❸ 일본기업이나 개인이 미국채권이나 주식을 사면 엔고가 될지 엔저가 될지 생각해 보세요.

❹ 전쟁이나 자연재해가 일어났을 때 엔은 어떻게 변동할지 예측해 보세요.

**12**

# 경제가 발전하는 조건은?
## 【경제성장】

세계를 넓게 바라보면 미국이나 일본처럼 경제가 발전한 나라와 아프리카의 여러 나라처럼 경제가 좀처럼 발전하지 못한 나라가 있습니다. 또 중국처럼 무서운 기세로 발전하는 나라도 있습니다. 왜 이렇게 나라마다 성장격차가 생겨 버리는 것일까요? 이상하죠. 이번에는 왜 그런 격차가 나오는지 경제성장의 발전 조건을 들어 가면서 생각해 봅시다.

# 경제발전의 조건이란?

 **네코노미스트**

어느 나라의 경제가 발전하기 위해서는 어떤 조건이 필요할까요? 생각할 수

있는 만큼 많이 들어 보세요. 이제 세계 여러 나라의 경제발전과 상태에 대해

생각해 보시죠.

우선 많은 조건을 살펴보며 들어가 봅시다.

바로 세 사람으로부터 회신이 있었습니다.

● 나삐 ●

- 가까운 나라의 상황(내전, 분쟁, 전쟁 등)

- 자연환경(평야 쪽이 발전하기 쉬울 듯)

- 민주주의일 것(독재자가 다스리는 나라는 발전하기 어려워)

- 내전국은 빈곤한 나라가 많아(육로로의 물건운반에 비용이 늘어)

- 열대에도 빈곤한 나라는 많아(질병 등)

세계지도를 보고 생각나는 것은 이 정도였습니다. 역시 어렵네요.

● 필즈 ●

나삐 씨의 투고를 읽고 저도 비슷하게 생각해 보고 싶어졌습니다.

자원은 어떨까요? 자원에는 석유나 우라늄도 있습니다만, 사람도 있

습니다. 사우디아라비아에는 석유가, 오스트레일리아에는 우라늄이,
중국에는 인구(노동자원)가 많습니다.


● 모모네 ●

안녕하세요. 모모네입니다. 저도 생각해 봤습니다.

수출이 많은 나라도 발전한다고 생각합니다. 왜냐하면 돈이 들어오기

때문이죠.

여러 가지 조건이 투고됐습니다. 그럼, 이것들을 차례차례 검토해 봅시다.

나삐 씨는 경제발전의 조건으로 전쟁이나 평화와 경제발전의 관계를 들어 주셨네요. 처음으로 들어 준 국제관계가 불안정하면 경제에 힘을 기울일 수 없고, 모처럼 벌거나 마련한 돈을 군사비로 써야 하기 때문입니다.

일본은 국가예산의 6% 전후가 방위 관련비용입니다. 매우 적은 부류죠. 북한은 공식 데이터로는 10%라지만, 30% 정도는 군사관계로 지출하는 걸로 추정됩니다. 국민이 허덕이더라도 군비에 돈을 쓴다면 경제발전은 어렵겠죠.

다음으로 자연환경도 커다란 조건이죠. 산악지대보다 평야지대가 좋으며, 바다에 가까운 편이 유리하다는 것인데, 이는 무역을 할 때 대량수송을 담당하는 배의 성격과 가장 들어맞기 때문입니다. 지금은 비행기를 사용하는 일이 많은데 역시 무겁다면 무리입니다. 따라서 바다에 가까운 평야가 경제성장을 위해서는 좋은 조건이 됩니다. 내륙국이더라도 유럽처럼 내륙의 수운이 발달해 있으면 경제성장에는 좋습니다.

민주주의와 경제발전에 관해서도 얘기하셨습니다. 독재자가 국민의 자유를 규제하면 처음에는 질서를 유지할 수 있어 안정감이 높아

좋아 보이지만, 나중에는 별로 좋지 않을 것입니다. 국민의 자발성을 저해하기 때문입니다. 감시당하면서 자유로운 활동은 할 수는 없죠. 그래서 민주주의는 경제발전의 기초인 동시에 경제가 발전하면 거꾸로 민주주의가 실현된다는 이중성을 갖고 있습니다.

끝으로 기후와 경제발전의 관련성은 어떨까요?

보통 더운 곳은 경제가 발전하기 어렵다고 생각하기 쉽습니다. 그런데 말레이시아나 인도네시아 등 더운 국가에서도 음향 및 정보기기 생산을 비롯해 경제발전이 계속되고 있는 사례가 있습니다. 왜일까요? 힌트는 무엇인가가 들어갔기 때문입니다(에어컨이죠).

그래서 자연조건도 경우에 따라서는 극복이 가능한 문제일 수 있죠.


## 인적자원도 중요

필즈 씨는 자원을 언급했습니다. 천연자원이 풍족한 나라는 발전할 가능성이 많다지만, 물론 그것만으로는 부족한 것 같습니다. 인간, 즉 경제언어로는 '인적자원'이 더 중요할 수 있기 때문입니다. 다만 사람이 많은 것만으로는 안 됩니다.

그럼, 어떤 인적자원이라면 경제발전에 공헌할 수 있을까요? e-교실에서 이과 선생님을 하고 있는 와코 씨의 의견은 이렇습니다.

레벨이 높은 사람이죠. 여기에는 교육이 필요합니다. 제가 알고 있는 중국에서 온 어느 유학생은 공부를 잘합니다. 일본어도 금세 마스터 하고 말이죠. 몇 년이 지나도 영어를 못 하는 일본 학생과 비교하면 조금 조바심이 날 정도입니다.

그렇죠. 경제발전에 즉각 대응할 수 있도록 교육받고 있는 사람이 필요합니다. 일본의 교육은 지금 학력저하 문제 등으로 곤란을 겪고 있습니다만, 에도시대로 거슬러 올라가 보면 문자를 읽을 수 있는 사람비율이 서민레벨에서도 높았습니다. 즉 교육수준이 높다는 전제조건이 있었기에 경제발전이 가능했다고 생각됩니다. 더욱이 20세기 전후에는 학교제도가 보급됐으며, 전쟁(2차 대전)이후에는 9년간의 의무교육이 이뤄졌습니다. 이를 통해 경제발전에 대응할 수 있는 인재가 배출됐다는 점을 뺄 수 없습니다. 이처럼 교육과 경제발전은 밀접한 관련이 있습니다.

## 무역과 발전

모모네의 '수출이 많은 나라' 도 그렇죠. 역시 좋은 점을 생각했습니다.

이는 교육과 마찬가지로 일본역사를 되돌아보면 잘 알 수 있습니

다. 근대무역을 개시하기 전의 에도시대 말기의 일본인구는 약 3800
만 명이었습니다. 그랬던 것이 막부 말기 무역이 본격화되고 경제가
발전하면서 점점 늘어 현재처럼 1억2000만 명까지 됐습니다. 무역
만이 원인은 아니지만, 무역을 통해 경제발전이 이뤄지고 그 결과
인구가 늘어날 수 있었다는 점은 부인할 수 없습니다.

한 가지 예를 더 들어 보겠습니다. 이웃 나라 한국과 북한 사례입
니다. 한국의 수출액은 약 1500억 달러 전후인 데 비해 북한은 10억
달러 정도밖에 안 됩니다. 국민소득도 현격한 차이가 있습니다. 한
국인구가 북한의 2배 정도라고 해도 그 격차는 대단하죠. 무역을 개
방해 비교우위를 살리면서 이를 점점 진화시키면 국가경제가 발전
할 수 있다는 가능성을 엿볼 수 있는 훌륭한 사례입니다.


## 모두와 어떻게 일할까?


● 와코 ●

일의 방식도 경제성장과 관련이 있다고 생각합니다. 고도로 분업화된
회사가 경제력을 갖는다는 증거도 그렇죠. 조직은 얼마든 커질 수 있
으며, 이때 분업은 효율로 연결돼 좋은 결과를 낼 때가 많습니다. 이
것이 경제발전으로 이어지는 것입니다.


와코 씨가 또다시 중요한 아이디어를 제시해 주셨습니다.

대량생산(이것이 경제발전의 조건이자 결과)이 가능하려면 '분업'이 필요합니다. 생산성이 폭발적으로 향상하니까요. 이것은 18세기 영국의 경제학자 아담 스미스가 지적한 내용입니다. 그의『국부론』(1776년 간행됐는데,『제국민의 부』라는 타이틀로도 돼 있음)에서는 이것을 핀 제조로 설명하고 있습니다. 또 분업에 플러스되는 주요 요소로 일을 어떻게 연결할까, 요컨대 '협업'도 중요합니다.

그 연결 방법의 스타일은 다릅니다. 완벽히 매뉴얼로 만들어 기계적으로 연결하거나 혹은 적당히 애매하게 회색지역을 둬 연결하는 나라도 있는 것 같습니다. 연결 방법은 그 나라의 문화와 인간의 본연모습을 떠오르게 하죠.

대량생산을 촉진한 것은 컨베이어 시스템의 도입이었습니다. 미국의 헨리 포드가 자동차 생산에 도입했기 때문에 이를 '포드 시스템'이라고도 합니다. 찰리 채플린의『모던 타임즈』는 포드를 비판하는 내용으로 유명합니다. 여러분도 컨베이어 앞에서 필사적으로 일하는 채플린의 모습을 영화로 많이 봤을 것입니다.

이것과 비슷한 것으로 일본에선 도요타자동차의 '칸반看板 방식'과 '저스트 인 타임Just In Time'이라는 생산시스템이 있습니다. 이것은 같은 컨베이어 위에 서로 다른 자동차를 조립하는 방식으로 사양서 연락용에 '칸반'이라는 작업지도표를 썼기 때문에 '칸반 방식'이라고 합니다. '저스트 인 타임'은 사실상 '칸반 방식'의 핵심으로 시간을 지정해 납품을 납입시키는 시스템으로 재고관리의 효율성을

극대화한 장치입니다.

이런 생산시스템을 생각하고 만들어 내는 것이 바로 사람입니다. 따라서 생산능률 향상을 이끌어 낼 창의적인 인재가 공급되는 것이 경제발전의 조건이 될 수 있을 것 같군요.


## 욕망이란 발전의 원동력

● 아바라 ●

옆집보다 좋은 차를 타고 싶다, 라이벌 회사보다 좋은 제품을 만들고 싶다, 맛있는 것을 먹고 싶다, 더 편리해지면 좋겠다, 생활을 더 풍요롭게 하고 싶다 등의 인간 욕망이나 향상심은 경제를 발전시키는 원동력이 됩니다.


이것도 아주 중요한 지적이군요.

경제에서는 욕망이 발전의 원동력입니다. 경제학자는 그 욕망에 대해 자원이 희소하기 때문에 발생하는 것으로 그 효율적인 활용 방법을 생각하는 데 관심을 둡니다. 그래서 욕망을 어떻게 생각할지는 아주 큰 문제입니다. 그러나 욕망대로 물건을 만들거나 소비하면 자원은 곧 없어져 버립니다. 욕망을 유지하되 미래를 생각해 일정 부분 금욕해 이를 '밑천'으로 삼는 것도 중요한 성장조건이 됩니다.

인간 욕망 등 문화적인 조건이 중요하다고 지적한 이는 독일의 막스 베버입니다. 그의 『프로테스탄티즘의 윤리와 자본주의 정신』이라는 책을 보면 일찍부터 종교와 자본주의 관계에 주목하고 있음을 알 수 있습니다.

여기에서 베버는 금욕을 모토로 하는 청교도를 비롯한 프로테스탄트 속에서 욕망 추구의 자본주의 역할이 등장한 그 패러독스를 분석하고 있습니다. 어쨌든 욕망을 어떻게 활용할지가 경제발전에 크게 영향을 끼친 것은 사실입니다.


## 정보는 어떠한가?

● 텔메아 박사 ●

경제발전 조건에 관해 의논이 진행되고 있는 것 같은데, 정보 혹은 그 정보의 유통이나 관리를 하는 나라의 사회나 조직구조는 발전조건이 되지 않는 것일까요? 제가 보기엔 정보가 경제발전에 크게 관련 있는 것처럼 판단됩니다.

하나 더 말하자면 금융시장에 영향력을 갖고 있는 나라가 또 경제적으로 풍요로운 나라가 아닌가 싶습니다.


미국이든 영국이든 정보를 활용해 금융시장에 영향력을 행사하는 나라는 분명 풍요로운 국가입니다. 이런 의미에서 경제발전 과정에 정보가 중요하다는 것은 두말할 필요가 없습니다. 또 이것을 지탱하는 사회자본Infra-Structure도 중요합니다.

정보와 금융은 경제발전과 밀접한 관계를 갖고 있습니다. 어디에서 돈이 모자라고 또 남는지, 특정 사건이 발생하면 돈 흐름이 어떻게 되는지 등의 정보를 한발 빨리 아는 것이 수익을 창출하는 포인트이기 때문입니다. 벌 수 있다면 그것은 발전의 기초가 됩니다.

예를 들면 금융업으로 유명한 로스차일드가 나폴레옹이 워털루에서 패전한 정보를 비둘기 전서를 통해 미리 독점한 사건이 대표적입니다. 로스차일드는 패전정보를 홀로 움켜쥔 채 영국통화(파운드)를 팔아치운 뒤 가격이 폭락하자 다시 사들여 큰 이득을 봤습니다. 이는 금융에서 정보의 힘을 말할 때 자주 인용되는 이야기로 정보와 경제의 관계를 엿보게 하는 중요한 에피소드입니다. 그때는 비둘기 전서가 정보 메신저를 했지만, 지금은 인터넷을 비롯해 온갖 정보망이 세계를 연결하고 있습니다.

결국 고급정보를 충분히 잘 이용할 수 있는 나라는 경제가 발전한 나라라고 평가할 수 있습니다. 하지만 앞으로 발전하고 싶은 나라가 갑자기 고도의 정보시스템이나 금융파워를 획득하는 건 어렵기 때문에 이런 점에서도 경제격차는 점점 벌어질 수밖에 없습니다.

# 경제성장, 생산요소, 토지, 자본, 노동, 분업과 협업, 인적자원

## | 정리 | ARRANGE

① 경제발전의 조건에는 토지·노동·자본 등 생산요소의 유무가 문제가 됩니다.

② 자연조건이 나쁘더라도 비교우위를 발견해 그것을 살리면 경제발전의 기초를 만들 수 있습니다.

③ 향상되고 싶거나 풍요로워지고 싶다는 등의 욕망이나 정보 등도 경제발전의 조건이 됩니다.

④ 그 나라의 정치적 안정이나 인프라 정비상황 등도 경제발전의 조건이 됩니다.

## | 복습 문제 | REVIEW PROBLEM

1. 다음 문장의 옳고 그름을 판단해 보세요.

( ) 토지가 좁거나 지질이 나쁘면 경제발전은 어렵다.

( ) 경제발전의 결정적 조건은 노동의 질이다.

( ) 어떤 나라나 지역이라도 자신 있는 것이 있으면 발전 가능성은 있다.

( ) 끝없는 풍요로움에 대한 인간 욕망이 발전의 원동력이 되고 있다.

2. **다음 문제를 생각해 보세요.**

❶ 자연조건이 나쁜데도 경제발전을 이룬 사례를 들고, 그곳이 왜 발전했는지 분석해 보세요.

❷ 경제발전과 교육보급의 관련성을 일본사례로 생각해 보세요.

❸ 종교에 따라 경제발전의 정도가 다를 수 있는지 몇 가지 종교를 들어 생각해 보세요.

❹ 정보를 남보다 빨리 갖는 것이 경제발전의 요인이 될지 생각해 보세요.

# 13

# 격차를 어떻게 메울 것인가?
## 【남북문제와 원조】

앞 장에서는 경제발전의 조건을 여러분과 생각해 봤습니다. 경제가 발전하면 그에 따라 격차도 생깁니다.

예를 들어 경제발전을 이룬 일본은 1인당 GDP(국내총생산)가 3만 달러를 넘고 평균수명도 80세를 웃돕니다. 이에 비해 아프리카의 탄자니아라는 나라는 1인당 GDP가 100달러에도 미치지 못합니다. 평균수명도 50세를 조금 넘는 정도입니다.

이스라엘 안에서
팔레스타인인이 만든 올리브 오일

## 남북문제란 무엇인가?

 네코노미스트 ▬▬▬▬▬

자, 질문입니다.

❶ 남북격차의 원인은 어디에 있다고 생각합니까?

❷ 이 같은 격차를 좁히는 데 누가 무엇을 하면 좋다고 생각합니까?

❸ 그때 우리들에게는 무엇이 가능할까요?

회답 전에 질문이 왔습니다.

여기에서 말하는 북이란 동아시아(한국, 일본 등), 미국(캐나다 포함), 유럽EU 등의 나라나 지역을 생각하면 되는 것입니까? 선진국이 모인 협의체인 OECD(경제협력개발기구)라는 말을 들은 적이 있는데, 여기에는 어떤 나라가 들어가죠? 생각해 보니 모르는 것 많네요. 오스트레일리아도 북에 들어갑니까?

북의 분류는 그 정도로 좋습니다.

OECD라는 것은 2차 세계대전 이후 유럽부흥을 위해 '마샬 플랜 Marshall Plan[23]' 수입국을 중심으로 뭉친 OEEC(유럽경제협력기구)를 모태로 한 조직입니다. 현재 가맹국은 32개국(2011년 현재)으로 와코 씨가 말한 나라는 전부 포함됩니다. 또 오스트레일리아, 뉴질랜드도 들어 있기에 일반적으로는 '선진국클럽'이라고도 불립니다. 아시아에서는 일본과 한국만이 가맹국입니다.

선진국 기준이 1인당 GDP로 1만 달러 이상을 말한다면 이들 국가는 오스트레일리아와 뉴질랜드를 제외하면 모두 북반구에 있습니다. 그래서 '북 = 선진국'과 '남 = 개발도상국'이라는 남북 대립구조가 생겨난 것입니다.

---

23 제2차 세계대전 이후 유럽각국에 대한 미국의 원조계획을 말합니다. 유럽의 경제성장을 촉진하고 공산주의 확대를 저지하고자 하는 목적으로 만들어졌습니다. 이 계획으로 유럽 각국의 미국무역에 대한 의존성은 감소하게 됐습니다.

남북문제라는 말은 영국의 올리버 프랭크스라는 은행가가 지금부터 45년 정도 전에 "앞으로 동서문제(미소 대립)보다 남북 경제격차가 큰 문제가 될 것"이라고 발언한 것에서 사용되기 시작했습니다. 대단한 예언적 발언이네요.



## 남북격차를 메우자면?

● 코로짱 ●

우선 ❶에 대해서입니다.

어떻게 이런 차이가 생기는 건지 저는 잘 모르겠지만, 제일 중요한 것은 그 격차를 메우는 일이라고 생각합니다. 이를 위해서는 미국이나 일본 같은 나라가 남반구 국가를 생각하며 정치를 해야 한다고 봅니다. 우리나라에는 낭비되는 것이 너무 많습니다. 그러니 그 낭비되는 것을 다른 나라를 위해 사용하면 좋겠습니다.

그렇죠. 지금 고통받고 있는 환자 앞에서 이 병의 원인이 뭔지를 논의하기보다는 당장 열을 식히거나 통증을 멎게 하는 게 중요하죠. 다만 남북격차 원인 중 하나로 2장에서 배운 식민지 시대에 만들어진 모노컬처 경제구조가 있다는 점은 접어 두고 봅시다.

UN에는 UNCTAD(연합무역개발회의)라는 상설조직이 있습니다. 이는 남반구 개발도상국들이 모여 자신들이 선진국과 같은 생활을 하고 싶은데, 이를 위해 미국 등이 무역이나 원조를 이런 식으로 해 주면 좋겠다는 형태의 요구를 논의하는 회의입니다. 선진국은 UNCTAD에 대해 협력적인 자세를 내보이지만, 그 요구를 완전히 수용하지는 않습니다.

왜냐하면 UNCTAD의 요구에는 농산물을 비싸게 사 달라거나 개발도상국의 제품을 유리한 조건으로 무역하게 해 달라, 혹은 농산물 가격이 국제적으로 싸다면 부상해 달라 등이 들어가 있기 때문입니다. 이것을 받아들이면 이번에는 미국이나 일본의 농민 혹은 중소기업이 곤란해질지 모릅니다.

여기에서 하나의 요구를 받아들이는 것만으로도 대단히 다양한 수많은 이해관계자가 영향을 받는다는 것을 알 수 있습니다. 그래서 어려운 것이죠.

❷에 대해서입니다.

일본은 음식 등을 대량으로 수입하는데, 그 대부분이 버려진다고 들은 적이 있습니다. 그것을 기부하면 좋을 것으로 생각하는데, 더 생각해 보면 그것만으로는 부족해 보입니다. 아무리 기부해도 근본적으로는 문제를 해결하지 못하기 때문입니다. 최소한 먹을 것만이라도 그 나라에서 자급자족할 수는 없을까요?

분명히 일본은 세계 제일의 식재료 수입국입니다만, 대부분은 사료 등으로 사용되는 곡물입니다. 그래서 주식용 곡물의 자급률은 대략 60% 되는데, 사료까지 포함한 종합적인 칼로리 베이스로 환산하면 자급률은 40%에도 미치지 못합니다.

남긴 음식물도 데이터가 있습니다. 대체로 가정에서 8% 정도, 외식산업에서 5% 정도가 남겨집니다. 가정에서 남긴 음식 비율이 높다는 게 조금 의외네요. 외식산업은 역시 장사니까 최대한 낭비를 없애려고 합니다. 다만 외식산업도 세세하게 나누면 좀 달라집니다. 식당이나 레스토랑 등은 3%대인 데 비해 결혼피로연 등은 무려 23.9%, 연회도 15.7% 등의 비율로 음식이 남겨집니다. 이런 수치는 농림수산성의 '식품로스통계'에 나와 있습니다.

한 가지 더 자급자족은 불가능할까 하는 문제제기입니다. 음식만큼은 자급가능하면 분명 굶주림은 없어지겠죠. 그러나 기타 생활필

수품이 없다면 어떻게 될까요? 거꾸로 일본처럼 식재료는 부족하지만, 공업제품은 충분히 있는 나라는 어떻게 될까요? 이는 9장에서 우리가 화제로 삼았던 국제적 분업 문제와 관련이 깊습니다.

## 원조와 남북문제

● 스네이크 ●

이 논의에서 신경이 쓰인 것은 일본의 '남'에 대한 대처입니다. 일본은 세금으로 개발도상국에 ODA를 원조하고 있습니다. 이것은 분명 좋은 일이지만, 그 원조방식에는 의문을 갖습니다. 해당국가 주민이 기뻐할 것을 만들어 주지 않기 때문입니다. 세계에 수많은 이들이 굶주리고 있다는 점을 알고 그런 사람들에게 먼저 원조를 해 주면 좋겠습니다.

스네이크 군이 말한 것처럼 일본의 ODA(정부개발원조)는 지금은 미국에 뒤처졌지만, 최근 금액만 놓고 보면 세계 1위에 올라 있습니다. 그러나 정말로 도움이 되는지 늘 의문이 따라다닙니다.

인도네시아 자카르타에는 일본의 ODA 자금으로 정수장이 만들어졌습니다. 이런 것은 주민이 바라는 시설이죠. 거꾸로 인도 나르마다의 댐처럼 결과적으로 주민을 내쫓아 정말로 필요한지 의문스러운 사업에까지 돈을 낼 필요가 있는지 비판 받기도 합니다.

198

ODA처럼 돈이 얽힌 사업이라면 반드시 현지 지하세력과의 검은 거래 등도 포함됩니다. 그것들을 종합해 원조할지 혹은 다른 선진국이 어떻게 행동할지까지 감안해야 하는지 등을 생각해 보면 좋겠습니다.

## 어떻게 악순환을 멈추게 할까?

● 피파 ●

❶ 가난하기 때문에 영양부족으로 아이가 병들고 → 노동력이 줄어버리기 때문에 더 가난하게 되고 → 하지만 가난하기 때문에 아이들이 일하지 않으면 살아갈 수 없고 → 아이들은 학교에 갈 수 없어 기술발전을 기대할 수 없고 → 그 때문에 생산성이 오르지 않고 → 이 결과 다시 처음으로 되돌아갈 것이라고 생각해 봤습니다. 동시에 이는 무한히 계속된다는 특징을 갖습니다.

❷ NGO(비영리민간단체)가 움직이는 것도 매우 중요합니다.

❸ 바로 할 수 있는 것이라면 지금 하고 있는 것처럼 생각하는 것입니다. 전 세계가 생각하면 뭔가 바뀔 거라고 생각합니다.

피파 군의 지적은 날카롭네요. 그럼,

❶ 악순환의 어디에 손을 대면 좋을까요?

❷ 거기에 도움을 주면 무엇이 가능할까요?

❸ 전쟁 이전의 일본도 ❶과 완전히 같은 상황이 있었습니다. 예를 들면 동북지방을 무대로 한 TV드라마 『오싱』 등은 그 예일지 모릅니다. 그럼, 일본에서는 이 같은 상황에서 어떻게 현재와 같은 '풍요한' 나라가 된 것일까요? 다 함께 생각해 보세요.

## 자립을 위한 원조는?

● 필즈 ●

뭔가 세금 같은 방법으로 남북배분의 룰을 조금 바꾸는 게 문제 해결까지는 아니더라도 약간은 개선할 수 있지 않을까요?

가령 주식이나 통화를 짧은 기간에 반복해 매매하는 것으로 수익을 내는 사람들이 있는데, 이때 국제적 세금을 거두는 것을 어떨까요?

필즈 씨의 제안, 아주 좋습니다. 왜냐하면 이미 이것을 주장하고 있는 NGO가 있기 때문입니다. 그들은 국제 금융거래의 5%를 세금으로 거두고 이것을 토대로 남북의 경제격차를 비롯한 많은 문제의 해결자금으로 쓰자고 주장합니다. '국제금융거래세' 입니다. 제안자인 미국의 경제학자 제임스 토빈의 이름을 따 '토빈세' 라고도 불립니다.

물론 누가 어떻게 소득을 보충해 채울지, 어떻게 과세할지, 과세한 자금을 누가 어떻게 보관 · 이용할지 등 매듭지어야 할 문제는 많

습니다. 그럼에도 불구하고 시도로서는 재미있을 뿐 아니라 검토가
치도 충분합니다.

## 지금, 우리들이 할 수 있는 것

끝으로 남북격차를 메우기 위해 '자신이 할 수 있는 것은 무엇인가'
를 생각해 봅시다. 포인트는 '자신'이라는 점입니다. 정부 혹은
NGO가 아니라 어디까지나 자신입니다. 중학생이나 고등학생이라
도 가능한 것이 의외로 있을 것입니다. 그것을 발견해 보세요. 발견
했는데, 실행까지 가능하면 더더욱 좋겠죠.

● 코로짱 ●

제가 가능한 것을 생각해 봤는데, 제가 아는 범위에서는 모금 정도밖
에 안 떠오르네요. 솔직한 얘기로 실제 제가 하는 것도 그 정도입니
다. 그러나 아무것도 하지 않는 것보다 낫겠지 생각해 편의점이든 학
교든 모금함을 보면 조금이라도 넣으려고 합니다.

네코노미스트 "모금할 때 그것이 어떤 단체가 하고 있으며, 그 돈이
어떻게 필요한 사람들에게 전달되는지 주목해 주세요. 코로짱
이 한 모금에는 어떤 단체가 있었습니까?"
코로짱 "제가 모금하는 것은 주로 유니세프 모금입니다. 그것과

‘아카이하네赤い羽根[24]’ 모금, 혹은 편의점 계산대에 놓인 것 정
도입니다.”

● 필즈 ●

중고생도 초등학생도 모두 ‘소비자’죠. 선거권도 없고 마음대로 일할
수도 없지만, 소비만큼은 가능합니다. 그러면 소비로 시장에 의견을

---

24　아카이하네(赤い羽根)는 빨간 깃털을 의미하는 일본의 공동모금을 의미합니다. 불우이웃
　　돕기 정신을 위해 2차 세계대전 이후 급속히 확산된 일종의 사회운동입니다.

말하는 것이 가능하지 않을까요? 그러니까 '적당히' 사는 것이 아니라 '응원하는 기분' 으로 물건을 사면 꽤 영향력이 있을 걸로 생각됩니다.

언제나 중요한 지적이네요.

왜냐하면 경제에서는 '소비자주권' 이라는 사고방식이 있습니다. 이것은 정치에서 말하는 어느 나라의 정치모습을 정하는 주권이라는 개념을 경제에 적용시킨 것입니다.

시장에서는 소비자가 사지 않으면 물건은 팔리지 않습니다. 경제의 모습을 최종적으로 정하는 것은 우리들 소비자이기 때문입니다. 물론 현실에는 생산자 정보도 많고, 광고나 선전을 통해 소비자를 움직이도록 많은 기술을 갖고 있으며, 무엇보다 소비자 자신이 '싸면 돼' 라거나 '편리하면 돼' 라는 식으로 꽤 '적당하고 대충' 사니까 그렇게 잘되지는 않지만요.

그러나 잘 생각하면 소비자는 역시 주권자죠.

언제나 무리하게 노력해서 개발도상국의 물건을 사는 것처럼 어깨에 힘주지 않더라도 때때로 이렇게 싼 것은 이상해라든가, 이것을 만들었다면 환경에 나쁠 것이라고 생각해 행동하는 것만으로도 영향력은 클 것입니다. 이것도 시장원리를 이용한 활동의 하나입니다.

## 페어트레이드(공정무역)



생협(생활협동조합)에서 바나나를 매번 주문합니다. 컬럼비아산과 필리핀산, 에콰도르산 등이 있습니다. 모두 재배 때 농약을 적극 줄이고 수입 때 뿌리는 농약도 없앴다고 기재돼 있습니다. 슈퍼에서 팔고 있는 바나나보다는 조금 비싸죠. 그러나 싸더라도 농약으로 만들어 사람에게 해를 주기보다 좀 비싸도 모두가 행복한 쪽을 선택하고 싶습니다. 광고지에는 '산지와 계약해 수입하고 있습니다' 라고 나와 있습니다. 농작물은 날씨에 좌우되기 쉬우니 '계약해서 수입' 하는 이들을 지키기 위해서도 좋은 방법이라고 생각합니다. 이번엔 컬럼비아 바나나를 사려고요.

산지직송이나 '페어트레이드Fair Trade' 도 하나의 방법입니다. 산지직송은 생활협동조합 등이 적극적으로 몰두하고 있습니다.

페어트레이드는 페어Fair라는 말에 나타나 있듯이 바나나나 커피 같은 1차 산품을 생산자가 자립할 수 있도록 공정한 가격으로 구입하려는 운동입니다. 일찍이 바나나나 커피 같은 산품은 식민지의 대형 플랜테이션에서 재배됐습니다. 식민지 지배에서 독립한 뒤에도 대기업 주도하에서 저임금 노동자에 의해 만들어지는 경우가 많습니다. 이처럼 남북격차를 고정하거나 확대하는 상품의 매매에 대해 이의를 제기하는 일종의 소비자 운동이라고 할 수 있겠죠. 현재 각지에 '페어트레이드' 제품을 다루는 가게가 꽤 많이 있습니다.

남북격차를 실감하는 데는 현지에 한번 다녀올 것. 사실 이 문제에 대한 관심은 이 방법부터만 시작되지 않을까 싶습니다. '백문이불여일견' 이죠. 그러나 이것은 모두가 할 수 있는 것은 아닙니다. 그래서 교육이나 정보의 역할이 있습니다.

합리성을 말할 때 접근도 중요한 방법입니다. 이것은 원조보다 무역, 구매를 뜻합니다. 왜냐하면 납득이 가는 자발적 거래는 강제가 아니면서 서로를 풍요롭게 합니다. 그 점에서 무역도 구매도 같습니다. 그래서 '페어트레이드' 도 쌓이면 큰 산이 될 것입니다. 여기에 현재의 경제구조를 움직이는 비밀의 문이 있을지도 모릅니다.

# 남북문제, 정부개발원조, 비정부조직
# UNCTAD, 토빈세, 페어트레이드

## | 정리 | ARRANGE

① 선진국과 개발도상국의 경제격차를 남북문제라고 합니다.

② 남북문제의 원인 중 하나로는 식민지 시대 유산인 모노컬처의 경제구조가 있습니다.

③ 격차해소를 위해 정부개발원조나 비정부조직에 의한 풀뿌리 원조가 이뤄지고 있습니다.

④ 우리가 할 수 있는 것으로 기부활동이나 소비자로서 개발도상국 제품을 공평한 가격으로 사는 '페어트레이드' 등이 있습니다.

## | 복습 문제 | REVIEW PROBLEM

1. 다음 문장의 옳고 그름을 판단해 보세요.

(　　) 남북문제는 남북환경에 의한 격차를 말한다.

(　　) 모노컬처(단식농업) 경제란 특정 산물을 만드는 경제구조를 말한다.

(　　) UN을 포함해 남북문제 해소에 많은 이가 적극적이며 그 문제도 해소되고 있다.

(　　) 격차해소를 위해 우리가 할 수 있는 것은 기부밖에 없다.

2. 다음 문제를 생각해 보세요.

❶ 같은 남반구에 있어도 경제발전을 한 나라와 그렇지 않은 나라를 들고, 왜 그 차이가 나오는지 생각해 보세요.

❷ 바나나 커피 등의 산지를 조사해 그들 나라의 경제발전 양상을 보고해 주세요.

❸ 토빈세를 부과할 때 어떤 일이 발생할지 수요곡선과 공급곡선을 써 설명해 보세요. 또 세금은 누가 어떻게 관리하면 좋을지도 생각해 보세요.

❹ 경제격차를 좁히기 위한 행동을 국가레벨과 개인레벨로 나눠 정리해 보세요.

# 14

# 경제를 배우면
# 행복하게 될 수 있을까?

교실에서의 논의도 마지막 정리단계에 온 것 같습니다. 네코 쌤은 이런 큰 문제를 결말지으러 나왔습니다. 우선은 네코 쌤이 낸 문제를 읽어 봅시다.

## 경제의 큰 문제

 **네코노미스트**

이제까지의 공부를 되돌아보고 마지막 문제를 생각해 보려 합니다. 회답이라기보다는 여러분의 의견을 자유롭게 말해 주세요.

- 경제를 배워 도움이 될 것 같습니까?

- 경제를 배우면 뭔가 좋은 일이 있을까요?

혹은 뭔가 '이득'이 됐습니까?

- 경제학은 사회의 여러 문제해결에 뭔가 공헌할 수 있을까요?

- 마지막으로 경제를 배우면 행복해질 수 있습니까?

## 지진과 경제

우선은 이과 선생님이면서 e-교실 「경제와 나」에 참가한 와코 씨로부터 답신이 도착했습니다.

● 와코 ●

이 교실에 참가한 뒤 사회를 보는 방법이 꽤 변했습니다. 예를 들면 재정적자도 단지 불안해하는 게 아니라 냉정하게 볼 수 있게 됐습니다. 경제는 학생 시절 배운 것과 다른 의미가 있었습니다. 어른이 돼 다시 배운 것도 의미가 있다고 생각합니다. 사람이란 여러 가지 사정과 경제구조 속에서 살 수밖에 없다는 것을 느끼게 됐습니다. 그렇게 말하니 과학에서도 지진학은 경제학 비슷한 것이라고 합니다. 뭔가 일어나고 난 후 '원인은 이것!' 이라고 말할 수는 있지만, 좀처럼 예견하기는 어렵기 때문입니다. 적중한다면 애초부터 버블 같은 건 없겠죠. 저는 경제는 잘 모르지만, 재미있고 배울 가치가 충분하다고 생각합니다.

지진과 경제 어느 쪽도 확실한 예측을 하고 싶지만, 그 예측은 실로 어려운 분야군요. 경제예측이 맞으면 버블이 안 일어나고 큰 부자가 될지도 모르지만, 그리 쉽게 이뤄지진 않겠죠. 왜 그럴까요? 지진도 경제도 서로 영향을 미치는 요소가 너무 많고, 게다가 서로 복잡하게 얽혀 있기 때문입니다.

이런 거대하고 복잡한 체계를 분석하기 위한 수단이 수학 등의 분야에서 연구되고 있지만, 아직 충분하지는 않습니다. 현재 경제학에서 분석할 수 있는 것은 단순화한 사회모델일 뿐 진짜 사회는 아닙니다. 그래서 구체적 예측은 좀처럼 맞지 않습니다. 그렇지만 '어느 조건' 하에서 정책을 취하면 이렇게 될 것이라는 논리는 세울 수 있습니다. 이 논리야말로 사실 경제학입니다.


## 모두가 득을 보기 위해

최연소 참가자인 모모네는 어떤 느낌을 가졌을까요?

● 모모네 ●

모모네입니다. 저는 레몬 책을 읽고 나서 TV에 나오는 경제를 조금 알게 됐지 않나 생각해요. 전에 경제학자인 어떤 사람이 TV에서 '부의 분배'라는 것을 말했습니다. 모두가 득을 보도록 서로 나눈다면 아주 좋을 것 같습니다.

레몬 책은 경제 기본을 알기에는 좋은 책이죠. 특히 첫 책은 기업이 어떻게 경영되고 있는가를 알 수 있는 훌륭한 책입니다.

현재 일본 경제에도 정리해고 등이 일어나고 있습니다만, 그 책 안에서는 여자아이와 조니 군의 관계가 조금 복잡할 뿐입니다. 가격전쟁도 주위를 잠시 보면 같은 게 많이 발견될 수 있습니다. 중국 제품이 싸게 들어와 큰일이라는 것도 일종의 가격전쟁이니까요. 빠른 시일 내에 이런 경제 기본을 마스터하는 것은 매우 좋은 일입니다. 다는 알지 못해도 관심을 계속 가져 주세요.

그리고 부의 분배 이야기는 케이크로 생각해 봤죠. 정말로 그것이 가능하면 최선입니다. 모두가 행복해질 수 있습니다. 그런데 내 이익과 당신 이익이 서로 부딪혀 그것이 틀리지 않다는 정당성을 다 가진 경우도 '자주' 일어납니다. '자주' 라기보다 '항상' 이라고 말하는 편이 좋을지도 모르겠네요. 이럴 때 어떻게 '부의 분배'를 할 것인지, 아직 인간은 해답을 얻지 못하고 있습니다. 앞으로 모모네 세대가 커서 이런 문제에 반드시 도전해 주면 매우 기쁠 것 같습니다.

## 신용과 경제

수학 선생님을 하고 있는 필즈 씨는 경제를 공부해서 어땠을까요?

수학에는 '공리公理'나 '정의定義' 같은 첫 번째 한 걸음이 있습니다.
때문에 잘 모를 때는 그곳으로 다시 돌아가면 됩니다. 그리고 수학에
서는 대상이 보편적이고 움직이지 않아 천천히 생각하면 되기 때문에
편리합니다.

그렇지만 경제는 사정이 좀 달랐습니다. 이런 이유가 무엇인지 거슬
러 올라가면 관계된 요인이 너무 많고 게다가 점점 변화까지 합니다.
왠지 잡기 힘든 뱀장어를 잡으려고 하는 것 같은 기분이 듭니다.

돈 이야기 등도 평소 의식하지 않았지만, '돈으로서 유통되고 있는 기
반은 무엇일까' 하고 생각하면 실은 어디에도 확실한 기반을 찾을 수
없게 돼 불안해집니다.

제일 무서운 것은 화폐나 주식에 신용이 없어졌을 때입니다. 경제에
는 이제 국경이 없어졌기 때문에 그것이 세계에 파급될 때는 그 결과
가 아주 무섭네요.

**도라** "저도 생각보다 경제란 복잡하다고 느꼈습니다."

**미오비어** "제 스스로 경제는 모르는 게 많기 때문에 여기에서 논의
를 통해 비교생산비설 등의 내용을 꽤 많이 알게 됐습니다!"

**K** "여러 사람과 논의함으로써 시야가 넓어졌습니다. 본인 의견은
바뀌지 않겠지만……."

**미오비어** "저도 스스로 의견이 바뀌었다기보다 여러 의견에 대해

보는 방식이 늘었다는 느낌입니다."

**네코노미스트** "여러 의견을 문장으로 읽는다는 것은 분명 e-교실에
서 배우는 이점이네요. 그렇게 해서 사물을 보는 방식의 폭이
넓어지면 좋죠. 경제를 가르치고 있는 저에게도 경제를 복층
적으로 보는 것은 꽤 번거로운 일이니까요."

**아바라** "경제를 생각하면 저도 머리가 어질어질합니다. 왜냐하면
사물을 대단히 커다란 시점에서 생각한 다음 바로 자신 주위
의 '경제'로 시점이 옮겨지기 때문이죠. 마치 먼 경치와 가까
운 발밑을 교대로 응시하는 것 같습니다."

**네코노미스트** "그것은 매크로(거시)경제와 마이크로(미시)경제의 관
계죠. 양쪽을 함께 볼 수 없기 때문에 이 책에서는 처음에 마
이크로를 공부하고, 그 다음 매크로나 국제정세로 시점을 옮
겨 차례대로 공부해 왔습니다."

경제란 다루는 요소가 많고 또 복잡하게 얽혀 있습니다. 그래서
논리적으로 모든 것을 설명하려 해도 현재 인간의 지식으로는 한계
가 있습니다. 이럴 때 '모든 것에 대한 확실함'을 추구하면 자급자족
의 생활로 돌아가 버리지 않는 한 안심할 수 없을지도 모릅니다. 이
런 경우 공리와 이론이라는 연역법적인 확실한 지면에 모두 귀결시
키지 않고, 눈앞에 있는 현상에서 출발하는 귀납법적인 유연성도 필
요하게 됩니다.

국가에 신용이 없어진다면 분명 아무도 그 나라 통화를 쓰지 않고, 주식도 종이 쓰레기가 됩니다. 하지만 인간은 끈질기게 그 속에서 살아 나와 21세기를 맞이하게 된 것입니다.

1차 세계대전 후의 독일도, 구소련 붕괴 후의 러시아도 엉망진창인 상태가 됐습니다. 당시에는 종말이라는 표현까지 있었지만, 어쨌든 사람들은 살아 나왔습니다. 그렇다고 괜찮다고는 말하지 않습니다. 독일의 초인플레가 결국 나치를 낳고, 그 결과 몇백만 명(유대인은 600만 명)이라는 희생자를 낸 것을 생각하면 확실히 신용이 없어졌을 때와 그 결과는 결코 낙관할 수 없습니다. 그래서 비관도 낙관도 없이 냉정하게 경제를 바라보는 것이 중요할지도 모르겠군요.

e-교실에서 경제를 공부하는 동안에 일본에서는 고이즈미[25] 내각의 구조개혁이 시작됐습니다. 주가가 점점 내려가거나 실업자가 증가하거나 했습니다. 한편에서는 기업매수가 화제가 되거나 투자세계에서 고소득을 얻는 사람이 나오기도 했습니다. 세계적으로는 이라크전쟁이 시작되고 원유강세가 일어나, 그를 둘러싸고 헤지펀드가 여러 미디어에서 다뤄지기도 했습니다.

---

25 고이즈미 준이치로(小泉純一郎) 총리가 집권한 2001년부터 2006년까지의 일본정권을 뜻합니다. 고이즈미 내각은 구조개혁이라는 타이틀로 신자유주의적인 운영철학을 적극 도입해 많은 화제를 낳았습니다. 다만 그 대부분은 빈부격차 심화와 비정규직 증대, 사회복지망 붕괴 등 부정적인 결과를 초래했다는 비판이 적지 않습니다.

**와코** "불경기라도 공매를 반복함에 따라 헤지펀드는 돈을 번다고
하네요. 그런 것을 해서 돈을 버는 건 괜찮은 걸까요? 성실하
게 제품개발에 몰두하고 있는 회사 등이 상대적으로 안됐습
니다."

**아톰** "약간 약자를 괴롭히고 있다는 그런 느낌도 드네요."

**필즈** "전쟁뉴스는 물론 원유인상 등으로 돈을 버는 기업뉴스를 보
면 이 사람들은 타인의 불행을 이용하고 있는 것 아닌가 하는
생각이 들어 경제를 배운 게 우울해집니다."

 이누노미스트

확실히 밝은 예측을 하는 것은 즐거운 일이고, 어두운 예측을 하는 것은 슬픈
일입니다. 그런데 우리들 장래를 정확히 생각하기 위해서는 현실을 바로 응시
할 필요가 있다고 생각지 않습니까?

네코노미스트

경제를 보고 있으면 돈을 번 인간이 승리한 듯이 비치는 풍조가 눈에 띕니다.
그러나 시장에 반영되는 사람들의 다양성을 생각하거나 단기가 아닌 장기시점
에서 시장을 보면 무리를 하고 있는 기업이나 경제체제는 반드시 언젠가 무너
진다는 것도 보일 것입니다. 이런 다양한 생각이 교차하는 장으로 시장을 보면
또 평가가 달라질지도 모르겠습니다.

시장은 사람들이 어떻게 생각하고, 무엇이 실제 일어나고 있는가를 반영합니다. 바꿔 말하면 시장동향을 살피는 것에 따라 우리는 거기에서 여러 정보나 사람들의 생각을 읽을 수 있습니다.

전쟁의 양상에 따라 원유 가격이 상승하거나 약품관련 기업 주가가 오르거나 하는 상황은 이 전쟁이 어떤 목적으로 이뤄지는지, 이 전쟁으로 이익을 얻는 기업이 어디인지 등을 우리에게 가르쳐 줍니다. 이렇게 시장에서 얻어진 정보가 비록 슬픈 정보라 해도 우리는 이를 소중히 해야 하겠죠.

그렇다고 해서 우리가 어떤 판단을 해야 할지, 무엇을 해야 할지는 그것과 별도의 문제입니다. 설령 가격인상이 예상되는 기업의 주가라도 그 기업의 행동에 반대해 주식을 팔(혹은 사지 않을) 자유는 있습니다. 이는 어떤 의미로는 우리가 할 수 있는 '투표'의 한 종류입니다.

얻을 수 있는, 또는 예상할 수 있는 정보는 소중히 하면서 본인이 옳다고 생각하는 가치기준에 맞춰 판단·행동하는 것이 이런 상황에서는 특히 중요합니다. 이를 위해서도 우리는 시장의 성립과 동향을 꼼꼼히 공부해 정확한 판단을 하도록 준비해 둘 필요가 있습니다.

● 필즈 ●

'Cool Head, Warm Heart'라는 말을 네코 쌤이 써 주셨네요. '두뇌는 냉정히, 마음은 뜨겁게'라는 의미겠죠. 마음이 뜨거워도 머리까지

끊어 버리면 바른 답은 보이지 않습니다. 괴로울 때는 감정을 우선하고 싶지만, 이때 감정과 함께 냉정한 판단력을 계속 유지하는 게 무엇보다 중요합니다. 두뇌와 마음 중 '어느 쪽을 취할까' 가 아니라 '둘 다 취하지 않으면 앞으로 정의는 실현할 수 없다' 정도가 아닐까요? 그렇군요. 그렇겠죠. 네, 노력하겠습니다!

## 경제를 배우는 진짜 의의

경제를 배우는 동기는 여러 가지 있는데, 크게 두 가지로 요약할 수 있습니다. 하나는 자신이 풍요로워진다는 것입니다. 세상 속의 경제 현상을 이해할 수 있으면 뭔가 벌 수 있을 것 같다거나 이득을 볼 수 있을 것 같은 동기랄까요? 일반적으로 번다든가 득 본다고 하면 부정적으로 보기 쉽지만, 이기심은 인간에게 필수불가결한 것이고, 이를 부정하면 되레 의욕이 없어져 곤란할 수도 있습니다.

다른 한 가지는 세상 전체를 잘살게 하고 싶다는 차원에서 어떻게든 하고 싶다는 동기입니다. 필즈 씨는 마샬의 말을 인용했는데 일본에서도 경제학자인 카와가미 하지메河上肇가 20세기 초에 『가난이야기』라는 책을 써 '왜 일본은 빈곤한지, 탈출하려면 어떻게 하면 좋을지' 를 논했습니다.

이 점은 지금까지도 변함이 없습니다. 의사가 병을 고치고 싶어 하는 것처럼 경제를 배우는 것으로 사회의 여러 문제를 해결하는 방법이나 사고방식을 조금이라도 익힐 수 있다면 그것은 어떤 의미에서는 '득'을 봤다고 할 수 있겠죠.

물론 경제를 배우는 것으로 바로 세상을 좋게 하는 마법의 지팡이를 발견하는 것은 아닙니다. 현실 사회나 경제는 복잡해서 간단히 장래를 예측하는 것은 불가능하기 때문입니다. 또 많은 정책이 세상 사람 전부를 반드시 행복하게 하는 것은 아니며 의견이 나뉘는 경우도 많은 것이 현실입니다.

지금도 경기를 좋게 하기 위해 정책적으로 인플레를 일으켜야 한다고 주장하는 사람이나 그런 것을 하는 대신 구조개혁을 통해 생산성을 높이는 게 우선이라고 하는 주장 등 여러 의견이 나오고 있습니다. 최종적인 정책선택이 정치적인 판단으로 결정되는 경우도 적지 않습니다.

그렇다고 해서 경제를 배우거나 바람직한 정책에 대해 논의하는 게 쓸데없는 짓은 아닙니다. 경험이나 의논을 반복함으로써 이런 상황에서는 이렇게 하면 이렇게 된다는 논리를 알 수 있는 것은 매우 중요합니다. 경제를 배워 경제의 움직임을 바르게 이해한 다음, 사회 문제 해결을 위해 반복해 논의하는 것은 확실히 장래를 풍요롭게 하는 데 중요합니다.

## 경제를 배우면 행복해지는가?

마지막의 큰 문제입니다. 경제를 배우면 행복해지는가라는 질문에 대해서입니다. 우리는 행복이라는 것을 확실히 정의해 사용하고 있지 않지만, 경제를 배워 조금이라도 현명해지거나 세상 움직임을 이론으로 설명하거나 혹은 나름의 해결안을 생각하게 되면 이것은 충분히 행복할지 모릅니다.

어떤 시대든 경제운영은 있었습니다. 그 운명과 함께 마지막은 모두가 평화롭고 행복하게 사는 방법을 생각하는 것이 학문으로서의 경제학입니다. 복잡한 경제를 이제까지 배운 개념이나 방법을 사용해 자신의 머리에서 생각해 보는 것은 행복을 찾는 방법 중 하나입니다.

마지막 정리에 적합한 의견을 아바라 씨가 보내 줬습니다.

● 아바라 ●

경제를 배운 것은 즐거웠습니다. 그중에서도 희소성이나 기회비용에 대해 철저하게 생각할 수 있었던 것이 저에게는 플러스가 됐다고 생각합니다.

지금 수중에 있는 돈을 어떻게 쓸까, 내일 휴일은 어떻게 보낼까, 환경을 지키는 것을 택할까, 편리함을 취할까 등 선택의 연속인 일상 속에서 지금 '이것'을 선택한 이유나 배경을 상상해 보면 아무렇지 않은 행동도 경제와 연결된다는 것을 잘 알 수 있습니다.

세금이나 정치도 마찬가지. 한정된 세금이나 선거 때 한 표를 어떻게 보람 있게 쓸지, 어떤 게 유효한지 생각하는 중에 신문이나 뉴스를 보는 견해도 변한 것 같습니다.

모두가 '희소성과 기회비용' 을 의식하게 될 때 비로소 소비행동이 바뀌고, 그것이 세상을 보다 크게 움직이는 힘이 되지 않을까요? 그래서 경제를 배우는 것은 행복의 첫걸음이라고 생각합니다.

시장에 대해 열심히 생각하게 된 것도 좋았습니다. 주식시장에는 여러 생각이 모입니다. 돈을 벌어야지, 회사를 응원해야지, 회사를 빼앗아야지 등이 그렇습니다. 이상과 분리된 욕망이 소용돌이치는 것이 주식시장일지 모릅니다.

하지만 그 욕망이 모여 기업을 평가하는 주가라는 구조로 변하거나, 기업이 자금을 얻을 수 있는 장으로 바뀌어 경기를 재는 바로미터도 됩니다. 욕망이 정화돼 있는 것처럼 매우 재미있었습니다.

경제를 배우면 사고가 깊고 다각적으로 됩니다. 사람이 풍요롭게(반드시 경제적인 풍요가 아니더라도!) 살아갈 수 있음을 믿습니다.


여기까지 여러분과 정말로 잘 논의해 왔습니다. 논의가 부족한 채 여전히 남겨진 것도 많이 있습니다만, 여기까지 왔으면 나머지는 여러분이 주위 사람들과 지금까지 배운 것을 활용해 더 논의할 수 있을 것입니다.

자, 그럼, 이제 출발!

## —1장—

1　× × ○ ○

2　❶ 사회적 배경: 고도 성장기에 도시로의 이동으로 고향을 떠난 사람이 늘었다.
　　경제적 배경: 한정된 도로에 이용자가 쇄도하니까. 대책은 생략.

　❷ 인기 있는 콘서트나 스포츠시합 티켓을 구할 수 없는 것 등. 선착순이나 추첨이
　　있지만, 경제적으로는 입장료를 변화시켜 조정한다.

　❸ 러시예상 등의 정보를 보내 판단하게 한다. 그러면 어떻게 해도 이용한다, 가능
　　하면 피한다, 포기한다 등의 대응을 할 수 있게 된다.

　❹ 이론에서는 맞지만, 통학정기권은 교육비 보조라는 공공성을 갖는 것이다. 시간
　　차액요금을 어떻게 징수할지 장치를 생각할 필요가 있고, 실현하는 데는 어려운
　　문제를 해결해야 한다.

## —2장—

1　× ○ ○ ×

2　❶ 일견 공짜로 보이는 점심이라도 그것을 먹는 동안 다른 것이 생기므로 코스트가
　　발생한다. 그 밖에 공짜만큼 비싼 것은 없다는 의미로 나중에 뭔가를 청구당한다
　　는 의미로도 사용된다.

　❷ 사례는 각자 생각해 주세요. 결단의 방법은 효용과 기회비용을 확실히 비교할 것.

　❸ 시간적으로 여유가 있는 사람.

　❹ ODA로 만들거나 쓴 것이 도움이 되는지뿐 아니라 만일 그 100억 엔을 다른 것
　　에 썼다면 어떻게 도움 되는 것에 쓸 수 있을지 등까지 시야에 넣어 평가할 필요
　　가 있다.

## —3장—

1　× × ○ ×

2　❶ 생략(이때는 부드러운 곡선이 아니라 계단 모양의 수요곡선을 그릴 수 있다).

❷ 수요가 변화하지 않은 데 비해 공급곡선이 좌측으로 이동했으니까.

❸ 생략(경제신문 등의 상품란을 꼭 한번 봐 주세요).

❹ 도중이라도 좋으니까 나온다. 거기까지 든 비용은 포기하고 남은 시간을 앞으로 어떻게 할지를 생각하는 것이 가장 합리적.

—4장—

1  ○ ○ ○ ○

2  ❶ 육아나 간호 등 보호활동 노동 등

❷ 여러분이 각자 생각해 주세요.

❸ 쓰레기 유료화를 진행한다. 현재도 각 자치단체에서 진행 중이다. 단 불법투기 등의 어려운 문제가 연이어 떠오른다.

❹ 여러분이 각각 생각해 주세요.

—5장—

1  × ○ × ○

2  ❶ 각자 조사할 수 있으면 조사해 주세요. 친척, 친구 등 여러 정보원을 상대해 보는 것도 공부가 됩니다.

❷ 그대로라면 어차피 벌 수 없게 되기 때문에 품질이나 안정성 등으로 다른 산지보다 우위에 서도록 노력한다.

❸ 외국환율이 그 사례. 11장에서 나오는 구매력평가는 차액거래의 예

❹ 돈 버는 이야기를 모두가 안 시점에서 돈 버는 이야기가 아니기 때문에 그런 것은 있을 수 없다고 대답한다. 또는 그런 돈 버는 이야기라면 당신부터 시작하라고 한다.

—6장—

1  × ×(이외에 저장수단의 역할 등도 있다) ○ ○

2  ❶ 돌, 조개, 유리공, 가축, 밀가루, 쌀, 그 외 무엇이든. 카드 등의 전자화폐도 있다.

❷ 1차 세계대전 후의 독일의 초인플레. 화폐가치가 떨어져 모두가 화폐를 소지하고 싶지 않게 되고, 극도로 유통속도가 빨라져서 물가상승을 불러일으켰다.

❸ 버블 때는 토지 등 팔면 반드시 팔린다는 기대하에 법외의 가격으로 거래가 됐다. 마찬가지로 지폐도 모두가 그것을 돈으로 인정한다는 기대하에 거래가 이뤄

지기 때문에 그 구조는 같다는 것이다.

❹ 처음에는 모르고 그대로 유통한다. 그러나 그 사회에 필요한 화폐량을 넘으면 인플레가 일어나기 때문에(이때 뭔가 이상하다는 것으로 확인이 들어가기 때문에) 그대로 유통되는 일은 없다.

<h2 style="text-align:center">—7장—</h2>

1　× △(경우에 따라) × ○

2　❶ 낭비가 좋을 리는 없지만, 경기회복을 위해서는 절약만 하는 것이 아니라 낭비라 해도 쓰는 편이 낫다는 의미에서 역설적인 표현

　　❷ 초항 10억 엔, 공비 0.1의 무한등비급수의 합을 구한다. 10억 엔/(1−0.1)의 무한합을 구하면 100억 엔의 효과가 된다.

　　❸ 경기를 빨리 회복시켜 그 이상의 빚을 지지 않도록 한다. 법률로 제동을 거는 등 무리한 규제는 경제적으로 바람직하지 않은 선택.

　　❹ 재정개혁을 위해 증세하면 경기가 나빠지고 게다가 증세하지 않을 수 없게 되면 당초 예측이나 기대를 배반하는 결과가 되는 사례.

<h2 style="text-align:center">—8장—</h2>

1　× ○ ○ ×

2　❶ 각자 도전해 봐 주세요.

　　❷ 이것도 각자 생각해 주세요.

　　❸ 가장 중요한 것은 사회에 받아들여지는 제품이나 서비스를 만들어 이익을 얻는 것. 더더욱 출자자에 하는 배당이나 종업원 고용의 확보 등을 할 것. 메세나 등 사회에 이익환원도 생각할 것.

　　❹ 각자 생각해 주세요.

<h2 style="text-align:center">—9장—</h2>

1　○ ○ × ×

2　❶ 아인슈타인과 비서의 이야기. 비서보다 타이핑이 자신 있는 아인슈타인도 연구시간을 확보하기 위해서는 비서를 고용할 필요가 있다.

　　❷ 포도주에 대한 모직물의 교환비율이 80/90 이상이고 120/100 이하이면 함께 이득을 얻을 수 있다.

❸ 야채를 둘러싼 일중 간의 세이프가드(특정 상품의 수입급증으로부터 국내산업을 보호하기 위해 취하는 긴급수입제한 조치) 문제. 가격에서 비교우위를 갖는 중국제에 대항하려면 고가격이라도 소비자가 구입할 품질 등의 면에서 비교우위에 특화하면 좋다.

❹ 이론적으로는 스페셜리스트끼리의 조합이 제일이지만, 인간이 살아가는 방식의 문제이기 때문에 각자 생각해 봐 주세요.

## ―10장―

1  × ○ ○ ○

2  ❶ 3명을 ABC로 부르기로 하면, 우선 A가 납득이 되도록 나눈다. 다음으로 B에게 A의 분배 방법에 불만이 있는지 묻고, 불만이 없으면 C가 먼저 가져가고 이어 B가 갖고 남은 것을 A가 갖는다. B가 A의 분배 방법에 불만이 있다면 B에게 불만이 있는 두 개를 선택시켜 납득이 가도록 나누게 하고, C에게 좋아하는 것을 선택하게 한다. 이때 C가 B가 자른 케이크 이외를 고르면 A가 남겨진 두 개 중 어느 쪽인가를 먼저 선택하고, 남은 것이 B의 몫이 된다. 만일 C가 B가 자른 케이크의 어느 쪽인가를 고르면 B가 자신이 자른 나머지의 하나를 갖고 마지막을 A가 가진다.

❷ 막대한 분업과 협업 시스템을 지령으로는 다 커버할 수 없다는 것. 자발성을 저해하는 것으로 형식화해 진보가 없어져 버렸다는 것 등.

❸ 효율성을 전제로 경제운영을 해도 소득재분배 등에 의해 끝없이 공평성을 확보하는 제도운영을 목표로 하는 등의 노력을 계속할 것.

❹ 각자 만일 자신이 약자 입장이라면 어떻게 될까를 상정해 가면서 생각해 보세요.

## ―11장―

1  × ○ ○ ○

2  ❶ 메이커 입장에서는 고정환율제가 생산계획도 세우기 쉽고 환차손 등도 생각하지 않아도 되니까 바람직하지만, 금융이나 무역기업에게는 변동환율제로 비즈니스 기회가 생기므로 다 같지는 않다.

❷ 입장에 따라 이득인지 손해인지는 나눠지기 때문에 어느 쪽이라고 말할 수 없다.

❸ 다른 조건을 생각하지 않으면 이론적으로 엔저 방향으로 움직인다.

❹ 다른 조건을 생각하면 엔저로 움직이겠지만, 일본경제의 잠재적인 힘을 어떻게 평가하는가에 따라 거꾸로 움직이는 것도 일어날 수 있다.

1 　× × ○ ○

2 　❶ 싱가포르나 북유럽의 여러 국가들을 들어 자본축적, 인적자원에의 투자, 종교문화 등 다방면에서 생각해 보세요.

　❷ 메이지시대 의무교육 보급, 2차 세계대전 후의 의무교육 연장, 진학률의 상승 등과 경제발전 관련을 생각해 보세요.

　❸ 프로테스탄트와 카톨릭, 이슬람교, 불교 등을 사례로 고찰해 보세요.

　❹ 정보를 갖는 것은 비즈니스 찬스가 되기 때문에 그것을 기회로 경제는 발전할 가능성을 갖는다. 또 정보를 지탱하는 사회자본의 정비 유무에 따라 경제발전은 크게 좌우된다.



1 　× ○ × ×

2 　❶ 발전한 나라로는 오스트레일리아와 뉴질랜드가 있다. 식민지가 아니라 정치적으로 안정된 것도 있고 농업이나 목축 등 비교우위인 수출산업이 발전 원동력이 됐다.

　❷ 바나나 산지로서 필리핀이 있다. 거대 농업자본에 의한 플랜테이션 생산이 이뤄지고 있다. 커피에서는 브라질의 예를 조사하면 좋다. 같은 플랜테이션 생산이 특색.

　❸ 기업 측에 세금을 매기면 공급곡선이 왼쪽으로 이동하기에 가격이 상승하고 거래량은 감소한다. 그에 따라 단기자금의 과도한 유동성이 완화된다. 국제적인 관리기구가 필요하게 되지만, 그 운영이나 걷은 자금의 분배 등 어려운 문제에 봉착할 것이다.

　❹ 국가레벨에서는 ODA를 중심으로 한 원조와 국제기관을 통한 경제협력 등이 있다. 개인레벨에서는 기부 등이 있지만, 페어트레이드처럼 소비자 주권을 활용한 협력방법에 주목하는 게 어떨까.

3년 전 겨울 날 "아라이新井 선생님 계십니까?"

"제가 아라이新井입니다." 갑작스러운 전화로부터 e-교실과의 관계가 시작됐습니다. 그때까지 교실에서 학생을 앞에 두고 가르치던 사람이 이번에는 얼굴이 보이지 않는 학생들을 가르치는 웹상의 교사역이 돼 투고를 유일한 단서로 함께 경제를 배운 성과가 이 책입니다."

이 책은 내용적으로 두 가지 점에서 독창적이라고 생각합니다.

하나는 아주 쉬운 경제입문서라는 것입니다. 일본에서는 대학에서 배우는 경제학과 고등학교까지 경제학습과의 사이에 커다란 틈이 있습니다. 이 책은 그 틈을 메우고 중고등학생 여러분이 처음 접하는 경제 책으로서 충분히 이해할 수 있도록 했다고 생각합니다. 그뿐만 아니라 폭넓은 경제현상에 관심을 갖고 있는 어른과 경제를 한창 배우는 대학생 및 더욱이 경제를 가르치는 게 힘들다고 생각하는 전국의 사회과 선생님들이 읽으셔도 도움이 될지 모르겠습니다.

두 번째는 쉽지만, 경제적 사고방법을 확실히 써 놓은 책이 됐다는 것입니다. 변동하는 경제를 이해하는 데는 많은 사실을 알기보다 경제개념을 제대로 이해하는 것이 유력한 무기가 될 것이라는 입장에서 이 책이 쓰여 있습니다. 이것들을 마스터하면 여러분은 분명 최강의 경제통이 될 단서를 잡을 수 있을 것입니다.

이 책이 이런 형태로 정리되는 데는 공저자인 도쿄대학의 야나가와 노리유키柳川範之 선생님, 국립정보학연구소의 아라이 노리코新井紀子 선생님, 그리고 이시야마 하루미石山晴美 씨 외에 교실스태프 여러분, 무엇보다 열심히 참가해 주신 학생 여러분의 힘이 있었습니다. 이 책을 출발점으로 세계경제를 보다 낫게 하기 위해 서로 확실하게 공부해 그 위에서 잘 살아가는 방법을 찾으면 기쁘겠습니다.


아라이 아키라(新井 明)

■ **(주)고려원북스**는 우리들의 가슴속에 영원히 남을 지혜가 넘치는 좋은 책을 만들겠습니다.

# 10대 때 경제를 배웠더라면!

초판 1쇄 | 2011년 10월 11일

지은이 | 아라이 아키라, 야나가와 노리유키, 아리이 노리코, e-교실
옮긴이 | 김용녀
펴낸이 | 이용배
펴낸곳 | (주)고려원북스
편집주간 | 설응도

마케팅 | 이종진
책임편집 | 김부영
판매처 | (주)북스컴, Bookscom., Inc.

출판등록 | 2004년 5월 6일(제16-3336호)
주소 | 서울 광진구 능동 279-3번지 길송빌딩 7층
전화번호 | 02-466-1207
팩스번호 | 02-466-1301
e-mail | koreaonebook@naver.com



ISBN 978-89-94543-34-5  03320